倉橋惣三 著

倉橋惣三文庫③

津守 真・森上史朗 編

育ての心（上）

フレーベル館

育ての心（上）

『育ての心』（上・下について）

●昭和11年、『育ての心』は刀江書院から出版されました。

●終戦直後の昭和20年10月、乾元社から復刊されました。

●昭和40年、フレーベル館から発行された『倉橋惣三選集　第3巻』に収載されました。

●昭和51年、前記『倉橋惣三選集』を底本にして、『フレーベル新書12　育ての心（上）』『同新書13　育ての心（下）』の二分冊でフレーベル館から発行されました。

●本書は、前記のフレーベル新書版を底本としています。

序

自ら育つものを育たせようとする心、それが育ての心である。世にこんな楽しい心があろうか。それは明るい世界である。温かい世界である。育つものと育てるものとが、互いの結びつきに於て相楽しんでいる心である。

育ての心。そこには何の強要もない。無理もない。育つものの偉《おお》きな力を信頼し、敬重して、その発達の途に遵うて発達を遂げしめようとする。役目でもなく、義務でもなく、誰の心にも動く真情である。

しかも、この真情が最も深く動くのは親である。次いで幼き子等の教育者である。そこには抱く我が子の成育がある。日々に相触るる子等の生活がある。斯うも自ら育とうとするものを前にして、育てずしてはいられなくなる心、それが親と教育者の最も貴い育ての心である。

それにしても、育ての心は相手を育てるばかりではない。それによって自分も育てられてゆくのである。我が子を育てて自ら育つ親、子等の心を育てて自らの心も育つ教育者。育ての心は子どものためばかりではない。親と教育者とを育てる心である。

この本は体系を辿って書いたものではない。理論に追われて書いたものでもない。各編のはじめに題しておいた通り、子どもたちと母たちとに接しながら、その実際と実践のままに即して書いた実感の書である。

時を異にし、所を別にして、著者の姿勢は必ずしも一つでない。或いは想い、或いは語り、或いは答え、時にはまた、教えているようなところもあるかも知れない。しかし、著者自身としては、そのいつの場合でも、子どもたちや母たちから学びつづけているのである。

『子どもたちの中にいて』は、最近五、六年の間、月々に書きとめておいた感想の中から、多少の順序を考えて拾い並べたものである。ほんの小さい感想のみではあるが、斯うして子どもたちから常に学び得る著者は、大きな幸福者といわなければならない。

『名画の子ども』は、今から二十余年も以前の著者が、その時の若い心で名画から学んだものの記録である。こんな旧稿とも思ったが、児童と教育とにつき文学と芸術とから教えられることを常に念としている著者にとって、これ等の名画こそ忘れ難い最初の教師であったのである。『母ものがたり』『子どもの癖しらべ』『いろいろの子ども』は、それぞれの題下につづけて書いたもの。『子どもの心』と『子どもの相手』とは各別々に書いたものを、それぞれの題下に集録したのである。いずれも平易、殊に筆致を稍《やや》砕け過ぎていたりするのを笑われるかも知れないが、児童と教育とに対する根本の心もちを、なるべくなまなましく描き出してみたいと思った。

この小さき書ながら、読者諸君と共に、楽しい育ての心について相語り得ると思う時、著者の喜びは譬《たと》えようもなく大きい。

昭和十一年十二月

倉橋惣三

再び序す

書物は読者によってのみ生きる。こんな小さい本であるけれども、初版以来、読んで下さった方々のことを想うと、感謝にたえない。折角の閲読に、何を供し得たかは知らない。それよりも、時と所とを識らず、未見の読者と結ばれている誼《よし》みこそ嬉しい。その誼みに或いは浅深の差はあっても、誰か、好意なくして、わざわざ他人の書を繙《ひもと》く人があろう。その好意に於て、読者は与え手で、著者は幸なる受け手である。

第十八版というに際して、全巻を通して新たに校合した。旧版に誤字がこんなに多かったかと思うと恐縮にたえない。但し、序《ついで》に大いに改訂を試みてはということであったが、それは出来なかった。貴くもない一句一行ではあるが、著者には著者の愛着があって、そのままにしておくよりほか仕方がない。しかも思うに、より精細の書、より有益の書は天下に少なしとしない。ただ、この書にはこの書の心があり、それをもってのみ、読者の好意にも酬《むく》ゆることが出来るのであろう。

それにしても、この書がなお世に迎えられて、親と教育者との育ての心に参加し得るということは、著者として誠にこの上ない喜びである。

昭和十五年一月

倉橋惣三

よい子どものために

国敗れて、いちばん気の毒なのは子どもである。がまた、いちばん希望をもたせるものも子どもである。済まんねといった心苦しさと、たのみますよといった頼もしさと、それが一つにこみあげてくる心もちで、じっと見まもりもし、抱きあげたくもなる。

悲しみも、憂いも、まだ知らない。しかも、彼等の成長がだんだんに彼等にわからせてゆくものを、彼等はどう受けとり、どう担ってゆくだろうか。思えば、彼等の父母も祖先も、仮にも経験しなかった苦難の成長である。しかし、わたしたちは忘れてはならぬ。如何に苦難でも成長は成長である。否むしろ、苦難の裡《うち》にこその逞しさを発揮せずにいないのが成長である。わたしたちは、この成長の真義を聊《いささ》かも疑ってはならぬ。なおまた、苦難とはいいながら、再生日本の新しい生活には、子どもらの真実の進展のために、新しい道程が企画せられている筈である。わたしたちおとながどんな急転回に困迷することあろうとも、幼きものの行路を塞ぐような荒径にまかせておいてはならぬ。わたしたちは決してそれを怠ってはならない。

教育は育つものに対する信仰である。信仰は如何なる時にも、世界を明るくし、励まし、活気づける。わたしたちが此の今日、子どもらと共に笑い、歌い、遊び得るのも、此の信仰が与える光明によってである。

わたしたちは光明をもつ。また光明について、会う人毎に語りたい。わけても、母の教育者とは、追いかけていってもそれを語りたいわたしたちの相手である。或る人々は、余りにも微かに遠い光明だというかも知れない。しかし、光明は、それを捉え、それに導かれる者にとっては、はっきりと眼睛に点ぜられ、近々と脚下を照らすものである。わたしたちが絶えず凝《みつ》めている此の光明が、今日の母と教育者との視野を明るくし、方向を安んぜしめるに少しでも役立つならば、焦土の同行者として、如何に有り難い幸であろう。

此の書の中の各編は、初版の序によって知らるる通り、今日とは全く異なった国情の下に書かれたものである。従って、今日のすべての文章がもつであろう厳しい試練苦を経ていない。その点において、著者をして再刊を躊躇せしめるものがあった。しかし、初版当時、刊行を著者に勧請した梅田道之君の再度の強請に促されて、茲に敢えて、第二十二版の旧著を再刊する所以は、此の書の内容が、時に即しての所論所説でなく、育つものへの久遠の信仰による光明の伝達に他ならぬからである。更におこがましくもいうことを許されるならば、眼前に暗さがまつわり勝ちな時にこそ、光明のどんな小さな発見でも、その伝達の理由と必要とが認容せられると思うからである。

堅く信じ、切に祈る。新生日本の子どものために。

昭和二十年十月秋晴の日

倉橋惣三

目次

母ものがたり

子どもの癖しらべ

装幀◉太田哲夫
装画◉越畑喜代美
装画撮影◉橋本憲一
DTP制作◉ティースタジオ

子どもたちの中にいて

子どもの目

いつも真正面から、真直ぐに相手を見る目。いつもあからさまに自分をさらけ出して、心の隅まで隠すところのない目。

いつも一ぱいに見開いて、しっかり物そのものを見詰める目。いつも新鮮さに冴えて興味の心に輝く目。

いつも柔らかいなつかし味を湛《たた》えている目。人の心の明るさを受けて明るく、自らもまた容易に、相手の心の中に溶けてゆこうとする目。

それよりもなお、なんという清さに澄んでいることぞ。曇りもなく、濁りもなく、たとえばこの頃の澄んだ空の清さを、そのまま人界に落とし来たったような目。

それが、子どもの目である。

子どもたちの顔

この子どもたちの顔が、おとなになってどんなに変わるだろうか。この顔に髯をつけてみ、この顔に髪をゆってみるのは、想像のいたずらがさせる楽しい興味である。しかも、この美しい貴い顔が、いつまでこのままでいてくれるかと思うと、かすかなさびしさが湧かないでもない。

この目よ、いつまでも惑いに濁らずにい、この唇よ、いつまでも偽りに歪まずにいてくれ。この頬よ、いつまでも明朗の輝きを褪《あ》せさせずにい、この額よ、いつまでも闊達の伸びやかさを失わずにいてくれ。

わたしは、子どもたちの顔をもう一度じっと眺めて、いつも、今のこの顔のままで、この一人ひとりを覚えていたいと祈らずにいられない。

涼しい顔

幼児たちの顔、何という涼しさだろう。此の日中を駆け歩き飛び回り、遊びつづけていながら、何という涼しさだろう。

焦らない心は涼しい。もだえない心は涼しい。鬱積せる愚痴、追いまわす欲念、密閉せる我執、塗りあげる虚飾。思っただけでも蒸し暑いが、それが幼児にない。

忘れた我。事に即して今に生きる真剣。熱風裡に居て熱を知らず、汗にぬれて汗を知らぬ幼児の顔。今鳴いている一匹の蟬をねらって、万象無に帰せる幼児の顔。悟道の極ではないが、何という心の涼しさだ。

それにしても、なんと暑くるしい我等の顔。

子どもの心のはだ

どの子の手を握ってみても、頬を撫でてみても、かわりなきは、そのはだのやわらかさである。なかには、随分よごれているのがあっても、やっぱり、やわらかい。子どもの心のはだも同じである。

それにしても、われわれ大人の心のはだのなんとあれていることか。自省に洗われ、道徳に彩られ、作法に塗られてはいても、心の地はだのなんと粗くなっていることか。時には自省と道徳と作法とでかえっておしろいやけがして、恐ろしい程がさがさになってさえいる。

子どものやわらかい手を握り、滑らかな頬を撫でる毎に、いつも思わせられるのは、さぞ、ざらざらした心地悪しさを感じさせていることだろうということである。

それは、まあ、ゆるして貰おう。恐るるのは、心のはだの触れあいだ。子どもの、あのやわらかい心のはだに、われわれの此のがさがさした心のはだで触れることだ。

汗

子どもたちの可愛い額に汗が見える。拭いてやろうとしても駆けていってしまって、またひとしきり汗をかいている。砂場では砂の手で日灼の額がよごれたままになっている。大積木を抱きかかえて汗を流しながら運んでいる。角力をとっている子の白地の上着が汗でぐっしょりになっている。

額に汗するという言葉は、大人の実生活に於て、勤労を礼讃する言葉である。子どもの遊戯生活が大人の実生活と同じ貴さをもつとすれば、子どもの汗も同じ貴さをもつものである。

汗の出る程遊ばない子、遊べない子、汗の出ないように静かにばかり座らせられている子、汗を出すと叱られる子、どれも礼讃に値する子どもの生活といえない。どの子どもにも、存分に汗するほどの生活をさせてやらなければならない。

それにしても、六月の日盛りを、汗する子ども等と共に遊んで下さる先生方の汗は貴い。

仏心と童心

仏心は慈悲。慈悲に先ずゆるす心である。その大きなゆるしの前には、多分善もなし悪もなし、ただすべてに対する無差別のいたわりだけがあるのであろう。

仏心の偉大さは容易に測り知り得ない。しかし、ゆるされる心がどういう心かは考えてみることが出来る。責めつけられない心である。咎《とが》められない心である。罪をいつまでも追跡されない心である。従って、その前にあるものは、隠しや、飾りや、詐《いつわ》りや、反抗や、執拗や、そういう一切の我執から解放させられる。つまり、万人がその本然の無我に帰らされるのである。

仏心の宏大無辺に較ぶべくもないが、童心がこれと似た幸福を私たちに与えてくれる。しかも、仏心は余りに崇高で、時に私たちの方から近づき兼ねる事があったりするが、童心にはそういうところもない。そこには、ゆるされるとも識らずにゆるされる心易さがある。抱かれるよりも抱いてやる親しさがある。誰でもの心が直ぐ本然の無我に帰らされずにいない。

人間教育

人間を人間へ教育しつつあるということは、われ等の、一日も一刻も忘れてならないことである。また此の信念に於てのみ、われ等の日々の業務がほんとうに意味づけられる。或いは、この故にこそわれわれ等自身が生命づけられるというものである。

教育の必要性を、それぞれの方面の部面とに於て、いろいろに主張する論もある。しかし、われ等の責任感の出発も帰結も、此の教育大本の自覚によって始めて厳かである。子どもと倶に嬉々としてあそび暮しつつ、人間教育の厳かさに生きるもの、それが幼児教育者である。

小さき太陽

よろこびの人は、子どものための小さき太陽である。明るさを頒ち、温かみを伝え、生命を力づけ、生長を育てる。見よ、その傍に立つ子どもらの顔の、煕々《きき》として輝き映ゆるを。なごやかなる生の幸福感を受け充ち溢れているを。

これに反し、不平不満の人ほど、子どもの傍にあって有毒なものはない。その心は必ずや額を険《けわ》しからしめ、目をとげとげしからしめ、言葉をあらあらしからしめる。これほど子どものやわらかき性情を傷つけるものはない。

不徳自ら愧《は》ず。短才自ら悲しむ。しかも今日直ちに如何んともし難い。ただ、愚かなる不満と驕《おご》れる不平とを捨てることは、今日直ぐ必ず心がけなければならない。然らずんば、子どもの傍にあるべき最も本質的なるものを欠くのである。

希《こいねが》わくは、子どものために小さき太陽たらんことを。

にじみ出る真実性

あなたのもっていられる貴いもの、美しいもの、賢いものを、みんなそのままに受ける力は子どもにはない。その意味で、折角のあなたの感化も彼等に及ばないものが多いかも知れない。そのまた逆は、あなたのもっている欠点をも、彼等の前に或る程度までは隠し、つくろうことが出来るかも知れない。素より意識してそうするわけではないが、そういうことで済む場合も少なくあるまい。

ただ一つ、あなたのもつ真実性、あなたの性格の底からにじみ出る真実性だけは、どんな幼い子どもの心にも届かずにはいない。方法でもなく術でもなく、或る日、或る時、ふとにじみ出るあなたの真実性こそは、幼い子どもの心に、強い深い感化を与えずにいない。その逆に、若し、あなたに真実性が欠けている時は、それがまたそのままに、幼い子どもの心を不真実にせずには已《や》まないであろう。

いきいきしさ

子どもの友となるに、一番必要なものはいきいきしさである。必要というよりも、いきいきしさなくして子どもの傍にあるは罪悪である。子どもの最も求めている生命を与えず、子どもの生命そのものを鈍らせずにおかないからである。

あなたの目、あなたの声、あなたの動作、それが常にいきいきしていなければならないのは素より、あなたの感じ方、考え方、欲し方のすべてが、常にいきいきしているものでなければならない。どんな美しい感情、正しい思想、強い性格でも、いきいきしさを欠いては、子どもの傍に何の意義をも有しない。

鈍いものは死滅に近いものである。一刻一刻に子どもの心を蝕《むしば》み害わずにいない。いきいきしさの抜けた鈍い心、子どもの傍では、このくらい存在の余地を許されないものはない。

驚く心

おや、こんなところに芽がふいている。
畠には、小さい豆の嫩葉《わか》が、えらい勢いで土の塊を持ち上げている。
藪には、固い地面をひび割らせて、ぐんぐんと筍《たけのこ》が突き出してくる。
伸びてゆく蔓《つる》の、なんという迅さだ。
竹になる勢いの、なんという、すさまじさだ。

おや、この子に、こんな力が。……
あっ、あの子に、そんな力が。……
驚く人であることに於て、教育者は詩人と同じだ。
驚く心が失せた時、詩も教育も、形だけが美しい殻になる。

まめやかさ

生える力、伸びる力。それに驚く心がなくては、自然も子どもも、ほんとうには分からない。が、驚きだけでは、詩と研究とが生まれても、教育にはならない。教育者は詠嘆者たるだけではないからである。子どもの力に絶えず驚きながら、その詠嘆のひまもすきもない程に、こまかい心づかいに忙しいのが教育であり、教育者である。

教育のめざすところは大きい。教育者の希望は遠い。しかし、其の日々の仕事はこまごまと極めて手近なことである。丁度、園芸の目的は花にあり果実にありながら、園丁の仕事があの通りなのと同じである。よき園芸家とは、まめな人である。実際に行き届く人である。休む間もない気くばりに、目と手と足の絶えず働いている人である。やがて咲かせたい花のことも、熟させたい果実のことも、手をあけて思う間もない程に、目の前の世話に忠実な人である。

驚く心がそのまますぐ実際のまめやかさになる人、そういう人が実際教育者である。

こころもち

子どもは心もちに生きている。その心もちを汲んでくれる人、その心もちに触れてくれる人だけが、子どもにとって、有り難い人、うれしい人である。

子どもの心もちは、極めてかすかに、極めて短い。濃い心もち、久しい心もちは、誰でも見落とさない。かすかにして短き心もちを見落とさない人だけが、子どもと倶にいる人である。

心もちは心もちである。その原因、理由とは別のことである。ましてや、その結果とは切り離されることである。多くの人が、原因や理由をたずねて、子どもの今の心もちを共感してくれない。結果がどうなるかを問うて、今の、此の、心もちを諒察してくれない。殊に先生という人がそうだ。

その子の今の心もちにのみ、今のその子がある。

廊下で

泣いている子がある。涙は拭いてやる。泣いてはいけないという。なぜ泣くのと尋ねる。弱虫ねえという。……随分いろいろのことはいいもし、してやりもするが、ただ一つしてやらないことがある。泣かずにいられない心もちへの共感である。

お世話になる先生、お手数をかける先生、それは有り難い先生である。しかし有り難い先生よりも、もっとほしいのはうれしい先生である。そのうれしい先生はその時々の心もちに共感してくれる先生である。

泣いている子を取り囲んで、子どもが立っている。何にもしない。何にもいわない。ただ、さもさも悲しそうな顔をして、友だちの泣いている顔を見ている。なかには何だかわけも分からず、自分も泣きそうになっている子さえいる。

ひきつけられて

子どもがいたずらをしている。その一生懸命さに引きつけられて、止めるのを忘れている人。気がついて止めてみたが、またすぐに始めた。そんなに面白いのか、なるほど、子どもとしてはさぞ面白かろうと、識らず識らず引きつけられて、ほほえみながら、叱るのをも忘れている人。

実際的には直ぐに止めなければ困る。教育的には素より叱らなければためにならぬ。しかも、それよりも先ず、取り敢えず、子どもの今、その今の心もちに引きつけられる人である。

それだけでは教育になるまい。しかし、教育の前に、先ず子どもに引きつけられてこそ、子どもへ即《つ》くというものである。子どもにとってうれしい人とは、こういう先生をいうのであろう。側から見ていてもうれしい光景である。

うっかりしている時

その人の味はうっかりしている時に出る。

うっかりしている時に出る味でなくては、真にその人のもち味とはいえない。

教育の一番ほんとうのところは、屢々《しば》、その人のもち味によって行なわれる。まして、相手が、謂わば、最もいい意味で始終うっかりしている幼児たちである場合、我々のうっかりしている時が、如何に教育的に大切なはたらきをなしているかは考えらるる以上であろう。

うっかりいう言葉、うっかりする動作、出あいがしらに、うっかりと見せる顔。その時出る我々のもち味こそ……

といって、いくらいいもち味の人でも、うっかりばかりしていてはなるまい、といってまた、わがもち味をつつもうとして、うっかりしている時の全くないのも、つくろいに過ぎよう。そこでこそ、幼児教育はむつかしいものと、昔も今もいわれるのである。

飛びついてきた子ども

子どもが飛びついてきた。あっと思う間にもう何処かへ駆けていってしまった。その子の親しみを気のついた時には、もう向こうを向いている。私は果たしてあの飛びついてきた瞬間の心を、その時ぴったりと受けてやったであろうか。それに相当する親しみで応じてやったろうか。

後でやっと気がついて、のこのこ出かけていって、先刻はといったところで、活きた時機は逸し去っている。埋めあわせのつもりで、親しさを押しつけてゆくと、しつこいといったような顔をして逃げていったりする。其の時にあらずんば、うるさいに相違ない。時は、さっきのあの時であったのである。

いつ飛びついてくるか分からない子どもたちである。

霜柱

幼稚園の庭に初めての霜が来た朝である。ぽかぽかと暖かい日光を浴びながら保育室の入口に立っていると、二人の子どもが駆けてきて、いいものを見せてあげようといって手を差し出した。可愛い両手を重ねて大切そうに何か持っているのである。なんでしょうと私が聞くと、容易には見せられないといった顔付きを見かわして、二人いっしょに手を開いた。一人の手には溶けかけた霜柱が、それもまだ氷の形をして白く残っている。次の子の手には、泥にぬれた赤い掌の中で、霜柱がもうすっかり溶けてしまっている。

心ない霜柱よ。なぜ、どの子の手にも握られていてくれないのか。

先生

藤の柄を一握りもって、女の子が二人私の室へ来た。これで編んでくれというのである。わたしは閉口したが率直に出来ないと答えた。そして、先生にしてお貰いなさい。先生はお上手ですよといい添えた。「倉橋先生も先生じゃないの?」。生真面目な顔である。そして、「ねえ……」と長く引いて二人が顔を見あわせているではないか。

先生に二種あり。「満足を与え得る先生と与え得ない先生と」。此の場合、まさかそんなこともいえない。先生のところへ駆けてゆくその子どもたちを、入口のところまで丁寧に送り出したのが、その時のせめてものわたしであった。

とげ

わたしたちの目にとげはないか。わたしたちの言葉にとげはないか。わたしたちの気分にとげはないか。

もとより自分で心づかぬ時のことである。まさかに、心づいてそんなことのありようはないが、ちらと光る目、ふと出る言葉、思わず動く気分に、自分でも心づかない峻烈はないか。もとより瞬間のことである。直ぐ気がついて急いで取り直さずにはいないが、しかし、とげはいつでもちょっと刺すものである。そのひと突きが、もう相手の皮膚を破っているものである。

幼児の心の膚は、その軟らかい皮膚よりも軟らかい。わたしたちにほんの小さな一つのとげがあっても、直ぐいため傷つけずに惜くまい。——或る朝、幼稚園の垣に薔薇を植えている植木屋と立話をしながらその薔薇のとげよりも、自分のとげが気にかかりだしたわたしでもある。

親切

幼児保育の要諦を一語に尽くすものがあれば、それは親切である。親切のないところに、保育の理論も経験も、工夫も上手もない。その反対に、親切のあるところ、一切の欠陥とまずさとを覆うて余りある真の保育が実現する。

親切とは相手に忠な心であり、相手の為に己れを傾け注ぐ態度である。相手から求められない前に、その求むるところを見つける目であり、聞きつける耳であり、更に、常に懇《ねんごろ》に行き届く心であり手である。

理論がよく分かりませんでといい、経験が足りませんでといい、気のきかない性分でといいう。その実は親切が足りなかったのではあるまいか。少なくとも、一点、不親切がまじっていたのではあるまいか。わたしの親切をあんなにも信じきっていてくれる子らに対して――。

わたしは屢々自らぞっとする。

子どもたちを送る日

何たる縁か。こうして親しく、あなたの為には大切な幾とせを、日々にいっしょに楽しみ得たことか。

「教育」。そんなことよりも、あなたを迎える朝な朝なが私の楽しみでした。「あなたの為」。そんなことよりも、あなたといっしょに遊ぶことが私の喜びでした。

ただね、今になって考えてみると、随分行き届かないことが多かったと、それが、すまないのですよ。けれどね、御免なさいなんて、そんなことは決していいませんよ。私の足りないことを、あなたは何とも思ったりしていないと、それが、しっかり、私に分かっているから――。若しそうでなかったら、こんなに、にこにこと、あなたの修了をお送り出来るものですか。

「いい先生」、そんなこと、どうでもいいのね。あなたのすきな先生だったのですものね。ほんとに、そうだったんですのね。

詫びる心

自分としては一ぱいに尽くしてきたつもりであるが、その自分の足りないために、欠けていたこと、誤っていたところも少なくなかったであろう。

そのまた、一ぱいに尽くしてきたつもりが、その実甚《はなは》だたるみの多いものであったではなかろうか。自分の足りなさが、その自分に分からないのは、どうすることも出来難いとしても、もっと尽くせば尽くせるものを尽くし尽くさなかったことが気にかかる。

よろこばれると済まなくなる。礼をいわれると気恥ずかしくなる。うれしさと目出度さに上気させられるような、三月末の賑やかさと、はなやかさとの後に、子どもには知らせずに、そっと独りで詫びたい心が残る。

自ら責める心

子どもの性質の中に見つけられる欠点が、あまりにもことごとく自分の性質の中にある欠点そのものであるのに気がついて、ぞっとして立ちすくむような気持になるのは、親に屢々《しば》ある実感である。組の幼児と先生との間にも同じようなことはないものであろうか。悪い子は皆私に似ていると、そんな気のすることはないものであろうか。

親がわが子を叱るのは自分を叱っているのである。お前はお前はと、よそごとのように呆れてもみたりする。しかし、やがて苦しくなってくるのは自分自身である。わが子を前に引きすえておいて、その実いつでもわれと自分に身悶えしているのが親である。組の先生には、そんなことは全くないものであろうか。

親はいつでもわが子に済まないと思っている。先生もきっと同じことであろう。

自分

彼に与うるものはわれだ。子どもに与うるものはわれわれの自分だ。教育者はとりつぎ手、とりつぎ方のうまい人に止まらない。与えるに足る自分をもつ者であらねばならない。少なくも、あまりつまらない自分を与えては済まない。

秋澄めり。何人も自分を思う時だ。秋静か。自分を養うに一番いい時だ。子どもの為の教育に忙しい裡《うち》にも、自分の為の教育が気になる季節だ。教育学、心理学、児童研究、保育法。それよりも一層、自分の為の本を読みたい時だ。

この秋を、何によってあなたの自分を養わんとするか。

教育される教育者

教育はお互いである。それも知識を持てるものが、知識を持たぬものを教えてゆく意味では、或いは一方が与えるだけである。しかし、人が人に触れてゆく意味では、両方が、与えもし与えられもする。

幼稚園では、与えることより触れあうことが多い。しかも、あの純真善良な幼児と触れるのである。こっちの与えられる方が多いともいわなければならぬ。

与える力に於て優れているのみでなく、受くる力に於ても、先生の方が幼児より優れている筈である。その点に於て、幼児が受くるよりも、より多くを先生が受け得る筈でもある。

幼稚園で、より多く教育されるものは、——より多くといわないまでも、幼稚園教育者はたえず幼児に教育される。

教育はお互いである。

自らを

子どもを教育するのは教育者の責任である。しかもこれは、教育者としての一面の責任に過ぎない。此の、外へ向かっての責任と共に内へ向かっての責任がある。自分を教育することである。但し、此の責任は何ごとにもあることに相違ないが、外へ向かって教育を行なう者に於て、特に強く感ぜられる責任である。一般の仕事は、外に向かってのみ行なわれるのでも済む。教育という仕事に於ては、そこが全く違うのである。先ず内へ向かっての教育なくして、外へ向かっての教育はあり得ないことである。

すべての教育は自己の教育に発するといっては言葉が過ぎるかも知れない。しかし、少なくも教育の真の迫力は、この謙遜なる自己教育の心からのみ出る。

子どもらが帰った後

子どもが帰った後、その日の保育が済んで、まずほっとするのはひと時。大切なのはそれからである。

子どもといっしょにいる間は、自分のしていることを反省したり、考えたりする暇はない。子どもの中に入り込みきって、心に一寸の隙間も残らない。ただ一心不乱。

子どもが帰った後で、朝からのいろいろのことが思いかえされる。われながら、はっと顔の赤くなることもある。しまったと急に冷汗の流れ出ることもある。ああ済まないことをしたと、その子の顔が見えてくることもある。——一体保育は……。一体私は……。とまで思い込まれることも屢々である。

大切なのは此の時である。此の反省を重ねている人だけが、真の保育者になれる。翌日は一歩進んだ保育者として、再び子どもの方へ入り込んでいけるから。

創意なき教育

なんの創意もなく過ぎてゆく日の、らくではあってもあじきないことよ。そのらくさを求むるものはなまけである。そのあじきなさに平気なのは鈍である。なまけは卑しむべし、鈍はあわれむべし。いずれにしても生命の衰退である。

生の衰退を断片に区切って、その日ぐらしというなさけないことになる。その日ぐらしの連続が、無為という恥ずかしいことになる。自己を盛らない時間の空過だからである。

時間の空過は必ずしも拱手徒然の間にのみ起こらない。手も忙しく、事も繁き間にも、ただ忙、ただ繁、なんの創意もなく迎え送られてゆく時間は、一種の空過生活である。同じことの繰りかえしで、何も新しいものを生まないのは、時間のそのものの経過に他ならぬからである。

子どもが帰った後で、何の反省もしない人、疲れて、ほっとして、けろりとして、又疲れて、ほっとして、けろりとして、同じ日を重ねるだけの人、その日ぐらしの人に創意はない。

自らを新たにする努力

世に生命なく力なきもの惰性の如きはない。それが仮令《たとえ》よき内容をもっていても、惰性化するまでに古びたものは、その内容に於ても、必ず考え直しの時期に迫られている。

よくもまあ旧態依然としていられると思う。よくもまあ無再考がつづけられるものだと思う。中味のよし悪しよりも、余りの定型と伝襲性とに驚く。――これでは、先ず誰よりも子どもたちがたまるまい。硬化と弛緩ほど子どもの大嫌いなものはないからである。

ゴムが黴臭くこちこちと固まってしまっている毬、気が抜けてたるんで少しも弾まなくなってしまっている毬、流石《さすが》に子どももうんざりさせられるであろう。

古ぼけたゴム毬は取りかえてやればいい。惰性化した教育は内から弾力を盛りかえすほかはない。教育は子どもに与えるものである。自らを新たにする努力を欠いた教育を与えるほど、子どもに気の毒のことはない。むしろ無残である。

感情清算

勘定清算ばかりでなしに、感情清算も。

あの時から、何となく打ち解けない風の子どもがあったら。此の頃なんだか小にくらしいと思った子どもがあったら。別に何というわけでもないが打ちたえて言葉をかけずにいる子どもがあったら。そんなことを気がついていて、気にしながら其のままになっているのであったら。——歳の暮れてしまわない中に清算したい。

まして、あの時のはずみで少々無理をいって、その無理をおしつけたまま、そのままになっているような感情の借りであったら、その心持ちを籠めて抱いてでもやりたい。そうしたらさぞ、さっぱりした心持ちで歳が送れるでしょう。先方はとうに忘れているのだから、今更ことごとしく詫びることもないが。

相手が大人ならまだいい。子どもたちに不払いの感情を残してはおきたくない。

正月

日本の子どもが、揃って、一斉に、一つ宛大きくなったと思うと、心の底からほほ笑ましくなる。

正月は、誰にも齢を一つ宛持ってきてくれたのであるが、子どもら程、それを喜び受けたものはあるまい。あの可愛い指で、自分の新しい齢を数えている。あの可愛い口で、自分の新しい齢を誇っている。実際正月が公平に分けてくれた齢の中でも、子どもらの分は黄金の特製で、どれもこれも一つとして輝かしい光に輝き光っていないものはない。

それにしても、日本中の子どもが貰った。その輝かしい齢の総数は幾つになることか。盛っても盛り切れない。その盛んな数を思う時。亦一段と嬉しくなる。

誠に、なんという、いい正月なのであろう。

二月

寒い空が雪となった。埋めて白く、どこを道ともわかち難い。その雪の上を、難儀がるのはおとなたちである。嬉々としてよろこび走ってゆくのは子どもたちである。

子どもには何でも楽しくないものはない。何ものにも、新しい興味と勇ましい気力とを喚び起こさずにいない。何ごとに対しても、苦にしたり、しりごみしたりしない。

おとなが、寒さにふるえて冬籠る此の二月こそ、子どもとおとなとの違いを、しみじみと思わせる月である。それにしても、子どものお蔭でこそ、二月の雪も、さえざえとよろこんでいることであろう。若し世の中がおとなばかりだったら、二月の雪も、これはたまらぬといじけふるえてしまうことであろう。

三月

芽が出ていましたと告げに来る子がある。花を見つけたといって飛んで来る子がある。つれられて行って見ると、その芽は低い雑木の枝の端の小さい緑粒であり、その花は草の葉がくれの名もない蕾である。

「まだ、こんな小さいの……」

またしても、こんなことをいうのがおとなだ。「まだ……」それは将来をのみ待って今を見落とす心、将来にのみ重きをおいて今を軽んずる心の、あさはかにも、すげない、つぶやきの声である。春を四月の爛熟にのみ求めて、そのためにかえって、芽と蕾の今の春を「まだ……」としか受けとり得ない、こちたくも、欲ふかな、おとなの心である。

三月の春は早く子どもらに来る。一歩一歩近づきくる小さい春を、その時々に一ぱいに享《う》け、一ぱいに楽しんでゆく子どもらに。

この萌芽に対して

新しい萌芽を見ることは楽しい。また、その伸びてゆく力を思うことは嬉しい。しかし、その柔らかさと、弱さを前にして恐ろしさなしにはいられない。識らずして踏みにじりはしないか、誤って手折りはしないか、圧えて歪めはしないか、気づかっては胸のおののくのを禁じ得ない。

自発とや、生長とや、自然の力とや、それはむこうのことである。こちらとしては、はらはらとする怖ろしさのみが残る。むこうの力に任せて、こちらの心づかいを忘れるのは、鈍感か、怠慢か、横暴かに外ならない。

可憐なる幼児たちに見るこの萌芽に対して、怖れ戦《おのの》く心、そのこまやかさに幼児教育の良心がある。

早春

掃き清めて、その一日を待ち受けている幼稚園へ、まず最初の子がにこにことやってくる。

　梅一輪一輪づつの暖かさ

ふと、こんな古句も思い出される。一人来て、二人来て、だんだんと春めいてくる幼稚園の朝である。

ふらりふらりと、あとから来た子。さきに来て遊んでいる子らの、あの群、この群へ誘われて、思い思いのところに、思い思いの春を見つけている。

　梅をちこち南すべく北すべく

又こんな古句も思い出される。幾つもの群が出来、だんだんと春めいてくる幼稚園の朝である。

それにしても、どこから来る此の春の匂いであろう。

四月

花が咲いている。どんなに花自ら嬉しいであろう。花が満開している。どんなに花自ら楽しいであろう。その、花自らの喜びを喜びとし、その幸福を祝う心、それが四月のまごころである。ただ、こっちの興味で、美しと眺め、美しと賞するのみではない。

見よ、子どもらの生活が咲いている。満開している。かれら自らに、どんなに快いことであろう。どんなに喜ばしいことであろう。その、子どもらの幸福を、子ども自らの心に和して祝う心、それがわれらのまごころである。

しかも、またしても、花を賞美するだけで、花そのものになって喜んでやらない如く、またしても教育のためから眺めたりするだけで、子ども自らの心になって喜んでやることを忘れる。

春風　春雨

春風が吹くともなく吹く。春雨が降るともなく降る。

強い雨では洗い流されてしまう浅い芽である。荒い風では吹き散らされる蕾である。

しかも、春風、春雨の心は、ただに弱さに対するいたわりに止まらない。まして、そっと触れ、そっとぬらして去る控え目の淡さだけではない。斯くしてこそ、芽を自らに伸びさせることが出来る。蕾を自らに開かせることが出来るという強い所信のもとに、専ら生長のおのずからを助けようとしているのである。

さればこそ、降るともなしに降りながら、そのうるおいの豊かに、ふかぶかと細密なる。吹くともなしに吹きながら、その暖かさの普《あまね》く、ひろびろと周到なる。

春風、春雨の弱さと、微けさとのみを見て、そのなごやかさの裡に籠っている強い濃い信念を感じ得ないものには、恐らくや、幼児の教育者の心は解せられない。

温

温の一字、保育の意義を尽くすというも過言であるまい。

凝ったものを解き、閉じたものを開き、縮んだものを伸ばし、萎びたものを張り、一切の生命を進歩させる。

見よ、今、この普《あまね》き温の力を。万物、そこに笑い、ここに躍り、自らの力を楽しむ。

温は下から湧き、上から漲《みなぎ》る、皆自然である。野に園に溢《あふ》るる自然である。つくりもの、こしらえものの温は、その真の力を持たない。温室の温は、到底自然の温ではない。

温の人、保育者。春は正に、あなたの、やさしくて強いはたらきをそのままに示している。

五月

なんというすばらしい生育の力であろう。田に畑に、野に庭に、むくむくと萌え出る若芽の、伸びて伸びて伸びてゆく勢いは、日に日に目を驚かすのである。しかも、それに劣らないのは、子どもらの活力の伸長である。毎日その中に倶に居ながらも、日々に新しい目をみはらせられることばかりである。

伸ばそうとするばかりでなく、伸びるのを待っているばかりでなく、現に目の前に斯うまで伸びゆくのを驚く心。——それが五月の心であり、また教育の心でもある。

五月の日光

むくむくとして自然のいのちの盛りあがる土に、草も木も、生育の力に張り切っていないものはない。しかも、盛りあがる土のいのちに晴々と笑みかけて、一切の生育を思いのままに遂げさせているものは、五月の日光である。

うっとりと蒸し育てる春の日でもなく、厳しく促し立てる真夏の日でもなく、ただ自ら明るく、自ら爽《さわ》やかに、ひろびろと打ち拡がっている五月の空である。その下にこそ、若葉も闊達の意気を与えられ、若芽も進歩の気力をのびのびとさせられている。

強いて育てるのでもない。激しく励ますのでもない。ただ自らわだかまりなき明朗さにいて、育つものを育たせているのが五月の日光である。

六月

外には雨が降りつづけている。部屋の内は笑い声で晴れわたっている。窓硝子はぬれて曇っているが、子どもたちの顔はみんな明るく輝いている。外からの光でなく、内からの光である。天の太陽は雲につつまれる日があっても、ここの小さな太陽たちは、いつだって好天気だ。

その子どもらに、またしても鬱陶しそうな顔をしてみせるのはおとなだ。なぜこう降るのかと、いっても仕方のないかこちごとをいって、呟《つぶや》いて聞かせるのもおとなだ。——子どもは、知らなくてもいいことを、おとなから教えられることが屢々ある。六月の雨だって、おとなが教えなかったら、子どもには少しも苦にならないものであろう。

羨ましい田舎の子どもの夏

草が一ぱいに茂っている。駆けても駆けても野は広い。丘を越えて、目の果ては山だ。山の上は蒼い蒼い大空だ。

立ち止まって上を仰げば、ぎらつく太陽の下に、なんという美しい白い雲だ。一ぱいに胸を張ってうたえば、どこまで遠く遠くゆく歌の声か。

林がある。梢をもれて射し込んでいる日光の青白さ。しっとりとした黒い土の冷たさ。ひやりとする静かさの奥で、いつもの親しい小鳥が啼いている。

小川がある。底のすきとおって見える清い流れに、小魚の群が列をなして泳いでいる。逃げてゆくのを追うて、ざぶざぶと土橋の下へ来たれば、河骨《こうほね》の花の黄色に咲くあたり、真黒なとうすみ蜻蛉が、すいすいと飛んでいる。

羨ましいのは田舎の子どもの夏だ。

日かげ

子どもには一ぱいの日なたと共に、静かな日かげも与えてやりたい。

夏の日が強くなると、木の葉が繁って涼しいかげをつくってくれる。自然はなんというこまやかな心づかいと、やさしいいたわりに行き届いていることであろう。励ましと共にいたわりを忘れない。引き立てると共に憩わせることを忘れない。

　日盛りの中を駆けまわって、その広い明るい光線に、ぐんぐんと活気をあおり立てられている子どもが、ふと、涼しい木かげに来て、にっこりと、なごやかな顔を見せることがある。

日なたがなければ子どもは生きない。しかしまた、日なたばかりでも子どもは生きられない。日なたに生き、日かげにかばわれて生きる子どもではある。

わたしたちも、子どものために、一ぱいの日なたとなると共に、よき日かげにもなってやりたいものだ。

雑　草

休暇あけの幼稚園の庭が、また雑草園になっている。子どもを迎えるにも何も格別の準備のない中で、こればかりは大した準備だ。

子どもを迎える第一の用意は、どうして子どもたちの心をらくにさせ得るかにある。準備準備と心を入れ過ぎて、余りに隅々キチンとしていると、子どもは一種の窮屈を免れないであろう。といって余り乱雑不秩序は、子どものやわらかい心を面くらわせ、らくを通り越して混沌たらしめるであろう。要はその中庸である。建築内は、掃き清められ、拭《ぬぐ》い清められていなければならぬ。庭も、刈るべき芝と整うべき枝とには充分手が入れてなければならぬ。そうした上で、伸びるがままに伸びさせられ、茂るがままに茂らされている雑草園こそ、教養の間に漏れ出ている天真の素朴さのようなものである。子どもたちの心に、何より自然ならくを与えずにはいないであろう。

秋晴

秋晴の好季が来た。子どもたちのために恵まれた戸外の季節だ。一日半日の日光をも無駄にしてはならない。

春の日はなごやかに、秋の日は硬い。春の草は柔らかく、秋の草は粗い。春にやさしく迎えた子どもたちに、自然は、もうそろそろ此のくらいの訓練を与えようとしているのか。

秋の気は澄み、空は高い。子どもたちをして一ぱいに胸をはらせよ。子どもたちをして高々と上を仰がしめよ。

春の花陰。夏の葉陰。秋は朗々として大空の下。歌の声もおのずから調子が張り、舞う足もおのずから強く踏む。秋の自然が其の教育案に一味の硬性を加えんとしているのか。

とにかく、貴重な秋晴だ。一年三百六十五日、晴日幾日かある。今や、その、そのシーズンだ。

十月

秋は園の丘の大銀杏樹のてっぺんから来る。茂り重ねて日光も通さないように黯《くろ》ずんだ密葉の陰に、先ず青く見つけ出されるものは、その柄の長い実である。それが一日一日と肉づき色づいてくる。或る夜の風にみんな落ちてしまったのかと思って上を見ると、尚更多くなっているようにさえ思われる無数の数だ。やがてその葉の色が、山の背のような北側から次第に黄ばみかけたと思うと、或る朝寒にはもう眩《まぶ》しいような満樹の黄葉だ。朝日を迎えて輝く光、夕日に映えて照る光を思わずとも、澄みきった碧空に、燦《さん》として聳立《しょうりつ》している真昼の雄姿の神々しいことよ。

私たちは、その樹の下に子ども等といっしょにいて、偉《おお》いなるものの前にいる小さきものの心を、寸差を捨てた虔《つつま》しさに感じさせられるのである。

有難いことは仰ぐものをもつことである。

ひなた

ひなた。――そこは庭でも廊下でも、なんと、なごやかに人をひきつけることか。

ひなた。――それは子どもでも大人でも、なんと、うっとりと人を睦ませることか。

ひなたには陰がない。冷たさがない。明るく、暖かく、人の心を解き又溶く。自分への不用意、人への親しみ。眠りもせず、醒め過ぎもせず、離れもせず。抱きしめもせず。ただ、おっとりと、我もなく他もない。

胸をあけて、肩を寄せて、足を投げ出して、手を組んで、のんびりと打ち集うひなた――。

教育のひなた。ひなたの教育。

炉辺味

冬の日が近づく。外の寒さと荒涼さにつけても、しのばれるのは田舎家などの炉辺の味である。ただ暖かいというばかりではない。そこには、意識されない親しさがあり、なごやかさがあり、ふくよかさがある。誰を中心ということもなきまどい、何の用件ということもない話しあい、それでいて、こっくりとした濃《こま》やかさが、浮きもせず沈みもしないほんとうの中味をなしている。

どこかまだわざとらしさの多い教育、なんとなくざわざわとあわただしい教育、意志と意識と、感情さえ屢々きしり気味な教育。なぜ、もっと、子どもたちと大人とが一つの気持に溶けこんでゆく、あのおっとりとした田舎家などの炉辺に似た味が教育に出ないものか。

飢えと寒さの子等

飢えと寒さが人々を襲う季節が来た。痛心にたえない。更に、その不幸の底に多くの子どもたちがいることを思う時、一層の痛みが胸に迫る。誰かの手に護られない限り、自ら護ることの出来ない子どもたちの不幸こそ、世にいたましいものの限りであり、殊に、何の不平をいうでもなく、痩せながら凍えながら、遊び戯れている小さい姿こそ、世に最もいじらしいものの限りである。

暖かく着、豊かに養われて、家庭の愛護を一身に占めている子どもたちを見る時、薄幸なるおないどしの子等のことが思われてならない。それも、幸福の子一人に不幸の子幾十幾百人の割合を以て数えなければならぬのである。

ああ又、今日も寒い風が吹く。この子を抱いてやるにつけ、忘れていられないのは、あの沢山の子どもたちの薄着と空腹とである。

母ものがたり

母の誕生・母の成長

一

赤ン坊の初めて生まれた家へ祝いに出かけて、「この度はお目出度うございます。お二人の御誕生まことにこの上ないことです」というと、どの産婦さんも皆変な顔をする。なかには、若いあるじ殿が傍から口を出して、「なにを取り違えていられる。生まれたのはこの可愛い子一人で御座るぞ」と顔色をかえて、きっとなったりする。なるほど、そこにすやすやと眠っている赤ン坊は一人に相違ない。だけれども、と、こんな御祝儀の場所で理屈をいうわけではないけれども、新たに生まれたのは、赤ン坊一人、だけでは確かにない。ちゃんともう一人、新しく生まれたものが、しかとある筈である。そこで、「いやこれは私の申しようが足りなかった。先ず以て第一のおよろこびが、お子さんの初の御誕生であることは申すまでもありませぬ。しかし、その上にもう一つお祝い申し上げたいのは、あなたが新しく母になられたお喜びです。つまり、子も生まれ母も生まれた二重のお目出たでは御座りませぬか。おぎゃあという産声《うぶごえ》こそあげられなかったでしょうが、あなたも、この度初めて母というものに誕生せられたわけではありませんか。私は、そのお祝いをも、併せていわずにはいられないのです」と、おぎゃあという声にわざと力を入れていうと、「なあるほど、そういわれれば、まあそんなわけですね」と、あるじ殿も笑い出し、産婦さんは尚更のこと、肉のやや落ちた頬に清浄な紅を浮かべて、ほんとうにそうで御座いますとばかり、我が意を得顔ににっこりとする。これは、初めて母になった人の場合であるが、どんな子福者の場合でも同じである。その子その子の母としては、その子の誕生のたんびにそのたんびたんび新しく生まれるのである。兄の母では前からあっても弟の母としては弟が生まれた時に初めてなる。つまり、どの子の母もその子の誕生と共に誕生するのである。

世間では、母が子を生むと平気でいうが、これほど論理の順が間違っているいい方はない。勿論その反対に、子が母を生むというのも、いい方として奇妙に聞こえるが、実のところはその方がかえって順にあっているかも知れない。何といっても、子があってこその母だからである。鶏がさきか卵がさきかといってよく議論するが、母と子の場合はそんな面倒な議論ではない。わが子を抱いて初めて母の体験がはじまる。その事実上の順序だけの話である。しかも、そこにこそ、母ということの深い意味があるというものではあるまいか。

二

成長するのは子ばかりではない。母も日に月に年に成長するというと、それはそうに相違ないが、小さい子どもだからこそ成長が望ましいので、いい年をして、この上成長成長と騒ぎ立てることもあるまい。いつまでも年をとらずに若くているこそ、望ましいという人があるかも知れない。なるほど御器量はいつも相変わらずお若いのが結構であるけれども、母としてその母らしさに成長がないのでは少々困る。否大いに困る。母として誕生しただけで母として育たなかったら、これはまた何というなさけない至極であろう。

初めて母となった若いお母さんが、暫く会わない間に見違える程立派な母に成長しているのを見ることがある。こんな嬉しいこともないし、こんな貴いこともない。ほんとに大きくお成りでと、赤ン坊の成長をほめるような口上もいえないが、実は、赤ン坊の成長を見るに劣らない喜ばしいことである。その反対に、いつ見ても、いつまでたっても、母として、とんと成長しない人があったりする。殊にそういうお母さんは、たいてい伸び伸びと立派な恰《かっ》幅《ぷく》をしていることが多いが、母としては頼りにならぬこと夥しい。しかもそういう未成熟な母に限って、自分では一かど一人前以上の母だと自信しているのだから、一層困るのである。

ところで、母はどうして成長することが出来るのであろうか。子の成長が母の愛育によるのはいうまでもない。母の愛育がなくては子の理想的成長は得難い。つまり、子は母のお蔭で成長するのである。そこで、母の方は何で成長するのであろうか。

これに答えて、母の修養が説かれる。もとより結構である。又、母の学問が勧められる。もとより必要である。それは皆、母を立派な母にする大切な途であるに相違ない。しかし母そのものを真に成長させるものは、何が何よりわが子である。わが子を愛育することである。つまり、母は子のお蔭で成長するのである。

親はなくても子は育つという言葉がある。そのほんとうの意味はどういうことかよく知らないが随分といやな言葉である。しかし仮にそういわれることがあるとしても、子がなくて親が育つということだけは、どう考えてもあり得ることではない。但し、子がなくては一体親でないのであるからこれはいうまでもないとして、さて子があってもわが子を自ら育てなければ親として育たないのである。子を育てる母の苦労、母のよろこび、それを自ら体験しなくては、母としての成長は遂げられないのである。いつまでたっても母として真に成長しない。

三

誕生といえばわが子のこと、成長といえばわが子の問題とばかり考えているが、それと同時に、母にも自分のこと、自分の問題である。これを、ほんとうに自分の喜びとし、自分の心得として考えているもののみが、真に母として自分を大切にしている人、大切にすることの出来る人である。同時に、母としての幸福に真に涵《ひた》っている人である。

「わが子のため」。それは最も美しい言葉である。「母自らのため」。それは極めて好ましくない響にも聞こえる言葉である。しかし、実はわが子のためが自分のためになるのが母の生活である。そして、自分のためがわが子のためと同じことに帰着するのが母の生活である。

自分もわが子のお蔭で母になれた。これからも母としてますます成長すると気がついた時、初めて真に、母として生命づけられるというものである。母と子は血の関係というが、それはただ血肉の結びつきという意味には止まらない。ましてや子が母から血肉を享《う》けたという関係だけではない。母も常に、子から血肉を享けているのである。わが子に与えるばかりでなくわが子からもたえず与えられているのが母である。子も生まれ母も生まれ、子も育てられ母も育てられる。なんにも変わった事をいっているのではない。思えば嬉しさが込み上げてくるような真実である。

教育的な、余りに教育的なおっかさん

一

可笑《おか》しな標題であるがこれを正面から解釈して、母は教育的でなければならぬ、そういう母こそ立派な教育的母であるということに異議のありよう筈はない。非教育的母より教育的母がいいにきまっている。それだけの意味ではいうまでもないことである。そんなことは今更諸君にいうまでもありますまい。

そこで、この題には一寸別のわけがあるのである。どうも世間というものはむずかしいもので、非教育的ではいけないというと、こんどはやたらむしょうに教育的になり過ぎたりする。つまり余りに教育的になるのである。母が教育的であるのに、あり過ぎるということもあるまい。殊にやたらむしょうなどということがどうしていえるかと抗議が出るかも知れないが、事実如何にもやたらむしょう過ぎることがあって困るのである。一体、どことあらたまるまでもなく、母とは我が子の親である。親子とは天地自然の関係である。その自然の関係から親ごころというものがどの親にも自然にある。それを学者は母性といったり、愛育本能といったりする。ともかくも強い強い親ごころである。親が子にとって必要なのも大事なのも、この自然の親ごころを子どもに対してもってくれるものは、その親の他にないからである。そして、親がわが子を愛育してゆくことも、先ず以てそこから始まるのである。多少の失敗はあっても、そこに親の親たるところがあり、わが子に対する親らしさの真の態度もきまるのである。ところが、親も余りに教育的に神経質になったり、理屈づめになったり、科学的になったりさせられると、折角の親ごころの自然よりも、教育的という意識や技巧が打ち勝ってしまって、親が教育的になったのか、教育的というものが親の位置に座っているのか分からなくなる。その顔まで母の自然の顔でなくなって教育面になったりする。私がやたらむしょうなどと変にからんだいい方をするのも、こういう場合である。過ぎたるは及ばざるが如しともいうが、如しでなくて、一方過ぎると一方が及ばなくなる。そこを心配して、教育的過ぎるといったりしたのである。

二

論はさて措き、今日の社会には、殊に所謂《いわゆる》インテリ社会には、そういう類のお母さんが多くある。勿論、その人に親ごころがないではない。もとはといえば我が子可愛い親ごころから一切が出発しているのではあるが、それが理論で圧《お》され、学問でかためられ、形にはめられ、方法の末に走り、まるで機械仕掛けの母人形ででもあるように見えるお母さんがある。知識としての教育のゼンマイだけで、キチキチと動いている。

その考え方に誤謬はない。ただその子の身になってみると、どこか物足りないところはあるまいか。それも極く大切なところで物足りなくはあるまいか。そういうお母さんの顔が、教育面になっていると前にいったが、それこそ、子にとっては何よりも物足りないところであろう。あたりまえの母らしい顔を見たいのに、そこに持ち出されるものが教育面であっては。

そういうお母さんのすることは、一から十まで規則的である。子どもの生活の一切が時間割で立案されていてそれが柱時計の下にはり出されていて、一々それに照らしあわせて実施せられる。その時間ぎめということが悪いのではない。規則的なのが悪いのではない。それは悪いどころかいいことである。ただ、その規則その時間表が母の心以上になって、さあ時間でしょう。さあ規則でしょう。と押しつけられるところに、何だか、折角の味もそっけも、親の言葉から汲めなくなってしまう。家庭は病院の生活ではなし、万事が方法づくめでつくられているものではない。おやつにしても、たべさせてやりたい心、たべたいだろうと思う心、進んでは、母も子といっしょにたべたい心、そういう活きた心もちで与えられてこそ、始めて味もあるものである。母の心の奥には科学的に立てた規則があるのであるが、わが子との関係の表には、それが露骨に出ない方がいい。又それでこそ、教育に育てられているよりも親に育てられているらしい気の出来得るものであろう。

そういうお母さんには、どうも理屈が多い。親子の間に一々理由や意義が持ち出される必要もあるまいのに、それが、一つ一つ理論づき説明づきで持ち出される。ねえ坊や、一体全体が、そうした理屈のものではないかね。そもそも、お母さんが何故斯ういうことをいうかという根本の普遍的原理はねと、まさかそうでもないが、なかなか話がむずかしい。最も多い一例が、斯ういう教育的お母さんに限って、子どもを叱りつけたりしない。諄々として訓戒する。極めて合理的教育のようであるが、その諄々たるや、お母さん自身に必要な諄々で、聴かされる子どもにとっては、くどくどであり、くだくだであり、遂にぐずぐずであったりする。善いとか悪いとか、しろとか、していかぬとか、短い結論だけでいいので、それ以上は、かえって何が何だか分からなくもなる。殊に、分かったところで理屈で、親の心もちではない。そんな熱のない判決例のようなものよりも、そんなことをすると、おっかさんはいやだ、悲しい、腹が立つと、そこのところの方が、よっぽど母の言葉らしいところもある。

人間と人間との仲だ。まして、親と子との間だ。気もち抜きではその関係が感じられないし、気もちの響あいがあってこそ、いよいよますますその関係も密になるというものである。それが、余りに教育的過ぎると欠けてきたりする。

ちと極端ないい方かも知れないが、子というものは親から教育を与えられたいなどとは願っていない。願っていることは、親その人を与えられたいことだ。親が欲しいのだ。親が味わいたいのだ。自分に生々しく触れてくる親の心を何よりも求めているのだ。家庭教育というとむずかしく、親の方からの言葉に偏するところがある。それよりも、子どもにとっての家庭は、ただもう親そのものが必要なのである。教育的お母さんは、わが子を教育しようと、こっちの考えのみに焦って、わが子の真に求むるものを与えない。

三

世に親から放任せられている子ども等は素より淋しい。親を味わい得ないからである。しかも親を味わい得ないという淋しさは、余りに教育的一点張りの家庭の子に於ても、往々にして同じである。先生は余りに教育的で人間的な味がなくとも、近よれなくとも、まあそういうものと諦めればそれでもいいとして、親がそれではたまらない。それよりかむしろ、教育的なんかいうことに捕われない、所謂《いわゆる》無教育の親の方が、親らしい味に味わえていいと、子どものことだから思うでもあろう。

ところでと、斯う考えてきながらふと思うには、一体どうしてそういうことになるのだろうか。親心のない親はないのに、何故そうしたことになるのだろうか。勿論その母の浅薄さ、或いは時に形式主義な性質によるのであるが、多分は、結果のよくなることに心を奪われるためであろう。よい子、えらい子にしたい。それはどの親にもあることであるが、その他に、わが子を育ててゆく途中も楽しみな筈である。それが感じられないのである。折角わが子と共に生活しつつ、その生活に触れてゆくことが、単に教育の方法としてのみ考えられて、それ以上に、もっと濃《こま》やかなところで味わえないのである。その証拠に、そういう親に限ってわが子の教育的結果を気にすることの如何に強烈なことか、自慢したがることか。なんだかまるで請負仕事でもしているように、出来上がりばかり気にしている。

しかも亦、なぜまた母をそういう風にさせるか。問題がここへくると、われわれの責任にもなってくるところがあるかも知れない。家庭教育の必要をのみ説いて、家庭教育の味わいを語ること少なく、親の責任をのみ求めて、親の楽しみをいうこと少なく、子どもといえば、教育の対象としてのみ眺めて、もっと普通の人間的になまなましい対象として思うことの少ない、われわれの当世式科学主義にも、その一半の責任があるかも知れない。それにしてもそんなことに負けるおっかさんはなさけない。

あまい母・からい母

一

子どもの教育は、あま過ぎてはいけますまい。から過ぎてもよくありますまい。どのくらいの按排《あんばい》がよろしいので御座いましょうか。——

斯ういう相談を随分度々持ってこられる。まるで料理の相談のようだから、それはおすずきで如何ようともと、出かかる冗談をぐっと飲み込んで、どっちにも過ぎないがよろしいでしょう。ほどよく調合をなさってと、もっともらしく、料理法には料理法らしい答えをすると、先方はそれでよく分かったとみえて、成る程ほんとにそうで御座いますね。これからは、あまくもなく、からくもなく、丁度いい具合にいたしましょうと、万事解決したらしく帰ってゆかれる。

ところで、気になるのはその後である。気のない料理人に、あまくなくからくなくと註文したら、いよいよ味もそっけもない、みずっぽい吸物を作るかも知れない。同じ註文でも、凝り屋の料理人にさせたら、砂糖を入れ過ぎたといって塩を入れ、塩を入れ過ぎたといってまた砂糖を入れ、ただもうごてごてとばかりした料理をしでかすであろう。あのお母さん、どっちだろうか。あのさらさらと淡白らしい容子《ようす》では、家庭教育も、うす味、或いは全く味なしで済ますかも知れないとか、あのがっちりと万事しつこそうな容子では、家庭教育も、濃い味に、こってりと煮つまったものにするであろうとか、先ず気になるのはその点である。実際、あまいからいの調合といっても、調味料の分量の外に、全体の味加減をもとにしての話だからである。

二

さて、うす味の方は、うま味の足りない代りに、原料の持味を殺してしまうこともないであろう。つまり、子どもがその生活をありのままに発揮してゆけるのである。味なしでは料理といえないが、どっちかといえば、うす味くらいの方が無難なことが多い。濃い味の方は、うまくいけばとろりっと舌鼓をうたせるが、ごったがえして煮しめられた間に、原料の味がどこかへ消えてしまったりする。教育的にこねかえされて、自分というものを失っている子どもが、そういう家庭に屢々あるのである。そこで、あまいからいの問題も、濃い味の場合の方に多く考えられなければならぬことになる。いいかえれば、あまいからいの味の相違の前に、濃過ぎることがまず考えものなのである。
あまいところも必要、からいところも必要、両方の味があってこそ料理も出来、教育も出来るのであるが、その一方にしろ、両方にしろ、過ぎるということが物の真味《ほんあじ》をこわすのである。一方に偏することがよくないのは勿論、仮に両方が平均に調合されたとしても、味がきき過ぎて真味が出ない。料理なら甘露煮もあり佃煮もあっていいが、教育では、そうまで外から煮つけ過ぎるのが、何よりも禁物なのである。

三

過ぎるがいけないとは、何の標準に対しての加減なのか。それに二つある。第一は、子どもの性質に対してである。あまみで柔らげてやる必要の性質もあり、からみで引きしめてやる必要の性質もある。気の強い子、意地張り殊に反抗性の、いつもどことなくとげとげしているという風のある子など、取り扱いにからみが勝ったら一層こわばってしまう。舌ざわりの滑らかな柔らかいあまさで、心の繊維をほごしもし、ゆるめもしてやる必要がある。その反対に、気の弱い子、意気地なし、殊にぐずぐず性の、いつも何だかふらふらしているという類の子などには、一味のからみを混ぜて、締りのある、所謂塩のきいた性質にしてやる必要がある。しかし、そこがまた加減もので、弱い性質の子にからみがきき過ぎると、いじけ性がいよいよ萎縮したり、人怖《お》じ性がひがみにこじれたり、飛んでもない結果にならんとも限らない。といって、弱さにひかれて、あまくばかりあまやかしたら、どこまでも飴のようにだらだらになろうとも分からず、こういう子ほどあまさからさの匙加減のむずかしいものはない。そこでほどよく調合といっても、教育では煎餅の両側へ砂糖と醤油を平均に塗り分けて、名代のあまから煎餅をつくり上げるというような簡単なわけにゆかない。子ども子どもの性質に応じて、それに適切なところを標準にして、それ以上でなく以下でなく、殊に過ぎることのないようにという盛り分け方が肝要になる。

四

加減の標準の第二は、相手の性質でなしに、自分すなわち母その人の性質である。あまいといい、からいといい、実はきちんとした客観的な測定がつくわけでなし、つまりは、味わわされるものの舌と、味をつける方の舌とが標準をつけているに外ならない。そこで料理ではその味の程度を分量できめて、砂糖幾グラム、塩幾グラムという具合にいうけれども、それだってほんとうの味加減は料理人その人の舌加減による外ない。ところが、料理人があまずきなら、相当あまくてもあまいと思わないし、からずきなら、相当からくてもからいと気がつかない。随分からいねといわれても、そんなでもありますまいと平気な顔をしている。

それは傍から何といっても、当人がそうかしらと思わない以上は仕方がなかったりする。子どもの取り扱い上のあまから加減も、謂《い》わばまあそれと同じことで、或るお母さんには出来ないあまさが、他のお母さんにはそれでもまだ物足りないくらいであったり、或るお母さんにはたえられないからみが、他のお母さんには何の感じもなかったりする。現に、一方があまいつもりのが一方にはからいと思われ、一方のからいつもりが一方にはあまく思われるというようなことは、一家の中で、あま父さん、から母さんの間に屢々舌の感じの衝突をきたしていることである。そうして、あなたがあま過ぎるからいけません、いいえ、おれはちっともあまくしていないと、それこそ舌戦が行なわれて、誰か審判官に舐《な》めてみてでも貰わなければならぬことが珍しくない。一家の中の者でさえそうなら、台所を異にしその料理風を異にする家々で、母その人に生来のあま口とから口との差別のあるのは免れ難いことである。そうすれば、あまさからさをほどよく調合してといってみたところで、その人々の舌加減で一定するわけにはいかない。さっき相談に来たお母さんが、自分ではどうもあま過ぎるといったが、さあどんなものか。まして、それでは少しからくなさいといって帰したのが、どのくらいのからさにとられているのか。こちらでは幾分のからさを加えて貰いたいと思ったのが、元来から口のあの人にからいと感じる程度は、どんなにまでからいことになるわけなのか。考え出すと際限もなく気にかかってきたりする。勿論、一目見て、この人は生来のあまいたちか、からいたちかが分かることもある。そんな時には、こちらのいい方にも加減をして、その人にあわせた分量を勧めることが出来るけれども、本などに書いてある調合は、一般の平均を標準としたもので、人によって、それを自分で加減しなければなるまい。それを、その人が、自分で自分を知らないで、根があまい上にあまく、根がからい上にからくしたりしたら、それこそ、味わわされる方には、唇が曲がったり、舌が爛れてしまったりするようなあま過ぎ、から過ぎにならぬとも限らない。

教育は相手をよく考えてしなければならないと共に自分自身をもよく知ってしないと、思いもよらぬ加減違いを生じる。教育の方針としてのあまさからさは理論で簡単に調合出来るが、自分が元来、あま母、から母かということ、それを標準にしての実際の加減のし方は、お母さん自身で省みていただくより外はない。

愛育方針の家内統制

一

一つ家族だからといって、年齢もちがえば気質もちがう。何から何まで一律一斉というわけにはいかない。強いてそんなことをしようとすると、かえって無理不自然なことになる。相違の中の一致、差別の間の協和、そこらに家庭の妙味が、ふんわりと浮かんでくることも少なくない。そうがっちりといっさいが統制せられるものでもない。又、常始終、統制でなければならないこともあるまいが、ここに一つ、これだけはどうしても一規一本に統制せられなければならないことがある。それは、子どもの愛育の方針である。こればかりは聊《いささ》かの不統一があってはならない。

ところが、それがなかなかそういかないのである。素よりその子可愛いに変わりはない。その大切に別はない。それなら愛育の意見も一致しそうなものだが、むしろそうだからこそ容易に一つ調子になってこない。銘々その信ずるところ、執《と》るところが強い。お前がそうだからいけない。いいえ、あなたがそれだからいけない。いや、から過ぎる。いや、あま過ぎる。……子どもから見れば一心一体一つである父母の間にさえ、とんだ教育争議が起こったりする。

そうした、愛育上の家庭不一致が、どんなに悪い影響を子どもに与えるかは恐るべきである。愛育研究会ならいい、愛育討論会なら大いにやるべし。しかし、子どもへの実際としては、徹底的に統制せられたものでなければならない。命令二途に出でて、しかもそれが相消しあうようなものであったら、子どもはその間に挟まって、どうしていいか分からない。分からないというよりも、どっちでも勝手放題ということになる。更に、その両方の間を縫って上手に立ち回ることを覚えたりさえする、いい子が出来る筈はないのである。

二

それでも両親の間では、その相違がそう極端なことにならない。少なくも子どもに対しては、なんとか調合按排されたものになる。ところが、この不一致が、嫁と姑との間に起こると頗《すこぶ》る以て面倒なことになったりする。又それが起こり易くて困るのである。といって、嫁姑の間に水をさそうとするのでは勿論ない。又、どっちがいいの悪いのと、行司になって飛び出そうというのでもない。それどころか、おばあさまにはお気の毒なことである。お母さんには可愛そうなことである。どっちも、その子よかれと思う一心からの主張である。間に座って聴いていると、峠の清水ではないが、涙が両方へ向いて流れてくる。どっちに対しても、責めるどころではない。偏《ひとえ》に有り難い限りである。

ただ困ることとは、その子どもが間に挟まれることである。それも、父母の間に挟まれるのと少し違って、そう単純にいかない。子ども心にはとても分からない複雑な挟まれ方をする。それが、教育上世にも悪い。そこで、私もその子のために一言いわずにいられなくなるというものである。おばあさまに頼まれたのでもない。お母さんに頼まれたのでもない。

さて嫁と姑との間に、愛育上の意見が齟齬《そご》し易いのは何のためか。それは年齢の差による心もちの違いと、考え方の新旧の違いとによること、他の一般の場合と変わりはない。しかし、此の場合、更に二つのことが大きな理由をなしていることを見落としてはなるまい。その一は、わたしはこの子の親の親である。伜をも思いのままに育てたわたしである。孫をわたしの考えで育てるのに何の不思議があろう。という、謂わば、家を背景にしてのおばあさまの権威ごころである。その二は、そうした考えとは切り離して、わたしは幾人もの子どもを立派に育て上げた。その年功から見ると、嫁は如何にも若い。することが危なっかしくて見ていられない。どうも任せておき難い。当世の学問はおありかも知れないが、何しろ経験がない人だからね、という、謂わば、経験を基礎にしてのおばあさまの自信ごころである。共にごもっともなことである。ところで若い嫁さんの方にも、これと丁度正反対のいい分があるに相違ない。そりゃあ、この子のお父さんはあなたがお育てになったに相違ないが、この子の母は私で御座います。そりゃあ、経験はおありになりますでしょうが、私は学校で、育児のことも教育のことも学んでいます。……口に出してはそういわないが、それだけに一層、胸の中で、もったいないがむしゃくしゃしたりする。この方も亦、ごもっともなことである。

が、ごもっとも、ごもっともでは納りがつかない。いよいよ両方がごもっともになってしまって、始末がつかない。終には、御主張が、どこまで増進、拡大、瀰蔓《びまん》してこないとも限らない。そうなると、両方がごもっともでなくなるばかりか一寸たしなめてみたくもなる。しかし、お嫁さんの方は兎に角、御隠居さんの方に、おたしなみなさいと申し上げるわけにもいかない。うっかりそんな口吻《こうふん》でも出そうものなら、……。

といって、おばあさまも話はよく分かっていられる方である。事をわけて聞いて頂きさえすれば分かる方である。――勿論、あなたはお孫さんのお父さんのお母さんである。そのお孫さんを、御自分の思うように育てたいのは御無理がない。しかし、それが御無理でないように、お嫁さんはお孫さんのお母さんである。あなたがお子さんの母であったように、お孫さんの母である。その母というものが、子ども愛育の主任者であることは、あなたがそうであった通りである。或いは、そうでないと困ることは、あなたが困った通りでもある。あなたのお嫁さんだが、お孫さんにはお母さんである。絶対のお母さんである。その母としての絶対性を認めないことは、お嫁さんに対しては兎に角、お孫さんに対してよくないことだ。極端ないい方をすれば、お孫さんから母を奪うことである。お孫さんに対して、こんなよくないことが他にありましょうか。

お嫁さんが若い母として、その無経験の危なげなことは、おばあさまでなくても誰にでもそう思われる。そこで注意を与えたい。忠告も与えたい。時には訂《ただ》してやる必要も感じる。しかし、愛育は知識や経験ばかりでは出来ない。その子に対する愛の責任感なしには出来ない。育児も教育も、或る意味では冒険である。その冒険を敢えてするのも、押し切るのも、成功するのも、自己責任感の他はない。若いお母さんに教えるのはいい、注意も忠告もいい、しかし、どこまでも、その自己責任感を奪うようなことをしてはならない。そのくらい、その母をして愛育を誤らせることはないのである。おばあさまは、知識もある、経験もある。しかし、肝心の自己責任感は孫に対しては直接でない。おばあさまが孫の教育に自己責任を執らなければならないようなことは、家庭非常時の場合の他にはない筈のこと、あってはならぬことである。普通の場合として、間接の位置にいられることがおばあさまのお仕合せである。その、おばあさまのものであってはならない直接の自己責任感は、どこまでもお母さんに、いくら若くても、是非しっかり持たせなければなりません。

おばあさまにも御無理がないと知ったら、そこを充分諒解して、その上に自分の立場を立ててゆくことは、その子の母としての任務でもあり誠意でもなければならない。それが分からないで、自分の立場の方を先にして、すぐ怒ったり、泣いたり、みっともない話である。両方ごもっともと前にいった。そこを折りあうために、先ず先に自ら押えるのは若い方の役である。若い方には、そのくらいのことに充分耐えられる強さがある筈だからである。万一にも対抗的戦術などとったら、事は破れるにきまっている。

三

その上、経験については、いうまでもなく老いたる人の方にある。それは先ず以て貴ばなければならない。仮にことごとくは用いられない昔のことにしても、一応は聴いてみるが賢い態度である。そして、どっちにしても大差ないことは、おばあさまの説によるべきであろう。先ずそうすることによって、どうしても従えない時の差引勘定に用意しておくべきでもある。

さて、どうしても我が子のために、おばあさまと意見が一致しない時、——我が子のためで、決して自分のためではない。——しかもそれが我が子のために重大なことである場合、母は母としての立場を守らなければならぬことがある。

そういう場合のために、平生から用意しておかなければならない。その用意としては、たいていのことには強いて自説を固執しないで、おとなしい、素直な嫁さんであることである。

その素直さに似ず、子どものことだけには斯うも真剣強硬であるのかというところに、若くても母の権威が認められてくるというものである。いつも、それも多くはくだらないことにまで、自説を主張してばかりいて、肝心な子どものことも、又いつもの例と見られるは、大きな損な仕方である。但しこれは術策ではない。母としての大事な立場を自ら重んずる心からの誠実である。我が子のためにどうしても譲られないことを譲らないようにするための平生からの用意である。

ほいほい子問題

ほいほい子とは、ほいほいほいほい可愛がられて育つ子どものことをいったのである。大切に可愛がられて育つくらい幸せなことはない。併し、その幸せはどこまでほんとうの幸せか。目の前の幸せばかりが一生の幸せではない。ほいほい子は案外必ずしも幸せではないということを、二つ三つ考えてみたいと思う。

私どもでは少人数な為に、どうも手が足りなくて養育に困るとは、若いお父さん方から屢々聞く嘆声である。どこ様の坊ちゃんは大勢手がおありなさるから結構で御座いますとは、若いお母さん方が常に発せらるる羨望の声である。けれどもこれは一つよく考えてみなければならない。成る程子どもを育てるのはなかなか以て容易の事ではない。又「親はなくとも子は育つ」といって、そう簡単に棄てておけたものでは勿論ない。それはたいていの家庭では朝から晩まで子どもにかかりきりというわけにはいき兼ねる事情もあろう。その並たいていいならぬ骨折り忙しさは勿論いうまでもないが、又一面にお互いに斯ういうことも忘れてはなるまい。すなわち家庭の内に子どもをみとる手の多過ぎる為に、実は大変な害を子どもが受けることも多いということを。

その第一は赤ン坊の疲労ということである。お守もなく、うっちゃらかされているのも辛いことであろうが、余り絶えず、ひっきりなしに、四方八方から、ちやほやされるのも坊やは随分五月蠅《うるさ》かろうと思う。仮令《たとえ》ば、一寸外からでも帰ったとする。さなきだに多少疲れているところで、そら坊や帰った。おうおうよくおとなしかったねえ。外は面白かったかい。おうそうかそうかといった具合に、お父さんが出られる。お祖母《ばあ》さんが出られる。叔母さんが出られる。書生が五十人出る。女中が百人出る。そうして代る代る抱いたり、お愛想をいったり。しかもそれにはそれ相応の返答を要求して、いい顔をおしとか、笑って御覧とか、こちらをお向きなさいましとか、いやもう大変な五月蠅《うるさ》いことだ。勿論五月蠅いなど申して済まぬことであるが、兎に角事実は五月蠅からざるを得ない。成人であったら真平御免の次第である。その証拠、それが余り嵩《こう》じると坊やが泣き出すことさえある。そうまで至らないところで、その為一層どのくらい疲れさせられることであろう。しかもこれが人手の多い家庭では殆ど朝から晩まで続けられているのである。一人の人のお愛想に一つ宛返答するだけでも、疲れ易い子どもの頭には容易のことではない。識らず識らずの中にその心は慢性的疲労に陥ってしまう。すなわち神経質な子どもにされてしまう。ありがた迷惑の至りである。

次に、人手が多いと、ついお母さんの養育主任たる責任がうすくなる。その為に、我が子を育てる自覚力、自信力というものが出来難い。子どもに何か事がある。直ぐ誰を呼ぶ。誰さんに相談する。そうすれば其の人々の流儀というものがそれぞれあって、第一、子どもは始終いろいろの流儀で育てられることになるし、又お母さんの養育方針が何時までたっても一定しない。これは実に重大な問題である。成る程事につけ折に触れ、我が考え一つには決し兼ねるような迷いも若いお母さん方には多くあろう。又経験の少ない中は、何でもよく人に教えを乞うのが大事である。併し、それは要するに育児上の自分の見識なり確信なりを拵《こしら》えてゆく順序であって、我が子を育てるに、いつまでもただ人聞き、人相談、人頼りではいけない。我が子は我が子である。人の子を育てた他の人の経験とはそれぞれ違う。仮に一つや二つ小さい失敗はあっても、実地工夫の間に、我が子の為の一番良い養育法を自ら発明してゆかなければならない。それがやたらに人手のあり過ぎる家庭ではついむずかしいことになる。

次に養育主任たるお母さんの見識が一定しないで、その場その場で異なった育て方をされたりしては、子どもの生活がつい乱雑になる。その為に被る健康の上のいろいろの害も少なくない。仮令《たとえ》ば衣服にしても厚着主義、薄着主義いろいろの人があって、いろいろのことをされてはかえって其の為に風邪をひくようなものである。併しなお憂うべきは、子どもの性格というものが少しもきまらない。赤ン坊の時分から、そんな心配は余計だと思う人もあるかも知れないが大いにそうでない。かなり大きくなってからならば、いろいろの流儀、気風の人に接して、いろいろの人心をも覚え、又自分の性癖の偏するのを補うということも必要であるが、幼い頃にはつとめて単一な、一定の方針の中に育てられないと、性格の確定ということがついに出来なくなる。これこそ最も憂うべきことである。

やや成長してから、ほいほい子の受ける害は独立心の出来ないことである。一から十まで人の世話になって、お乳母日傘で大きくなる子に、独立というような強い力が出る筈はない。すべて精神の発達は「やってみること」「自分で失敗してみること」から出来てゆく。やってみないで何の自信が出よう。失敗してみないで何の経験が積まれよう。その一番手近な例は子どものあんよで分かる。子どもがだんだん上手な歩き方を覚えてゆくというのは、おぼつかない足どりで妙な態の歩き方もしてみなければならない。時には転んでみなければならない。「這えば立て、立てば歩め」の親心で、傍からいくら促しもし、導きはしても、歩行は子ども自らが覚えるのである。他の発達もすべて此の通り。人手を借りなければ何一つ出来ぬ依頼心ばかりで、奮発のない意気地なしは、ほいほい子から出来るのである。そして斯ういう独立心のないものは、一生ほいほいされていれば兎も角、山坂険しい世の中へ出ては、心棒のない車、舵のない船、坂から転がり落ちるか、波の間に漂うの他はない。「甘やかし子を棄てる」とは此処の真理をいったものである。我が子に財産を残してやることもいいかも知れない。我が子に学問をさせておいてやることは尚更いい。併し我が子に独立心を養っておいてやる程大切なことはない。ただ目の前に安楽を与えて、此の独立心を与えない程我が子の為に実に不親切なことはない。

人は自分の為に、寄ってたかって世話してくれるもの、自分は人に命令し使役していればいいもの。これがあたりまえだという風の考えは、ほいほい子には当然起こる。我がまま育ちに同情心が薄いとは、昔からいうことだが、此の同情心のない人間というものは、傍目《わきめ》にも憎たらしいものであるし、世の中へ出ても碌なことはない。其の子可愛さで盲目になっている親には兎に角、そうでないものには爪はじきされて、社交の上に人望の徳望のということはとても受けられない。本人も次第にそれに気がつかぬではないが、併し、気がついたとて幼時からの習慣は一寸抜け難い。又心の底から他人を尊敬し、人を人らしく思うということのない者が、いくらお形式につめたとて人望のつくわけのものではない。それも初めから低く小さく慣れたものならばいいが、ほいほい育ちに限って、人からは崇め尊んで貰いたい。

人を人とも思わないで、自分を自分とのみ思っている。往々にして世間に見る一人よがりのいやな人間というものは、たいていこのほいほい子から出来るのである。

そこで、ほいほい子にしない為には、どう気をつけたらばよいかという問題になる。幸いにして、質素単純な親子三人といった風の家庭ならばそれでいいが、前に述べたように大人数の大家である場合には、予めよく規定をこしらえて、子どものことについては兎に角母親が第一の主権者ということにする必要がある。余り若いお母さんでは、お祖母さんなどはどうも危なかしくて任せておけないと思われようが、そこを真に子どもの為になるように一つ実行して頂くのである。父親も亦然り。小舅さんたちも勿論のことである。子どもの為の家庭会議も常に必要である。皆が意見を出すのも必要である。併し、子どもに実際接する時には、兎に角も母親をたてるようにして貰いたい。又母親の方でも、分からぬことは経験ある祖母様方によく伺わなければならない。殊に父親の教育方針を充分聞きもし尊重もしなければならない。小舅たちに親切な相談をかけるのもよろしい。併し、我が子のことには絶対の責任と権利を主張し得るくらいの確信がなくてはならない。そこが母の母たるところである。決して出しゃばりでも、生意気でもない。他のことは身を棄《す》てて百歩千歩譲っても、我が子の真の幸福の為には一歩も退く要はないであろう。但しこれはただ無鉄砲にこういう主張だけしたのではつまらない。それだけの教養もあり、能力もあり、而して後にいえることであるが、こういうことは古い家庭などでは得てむずかしいものである。そこで親たるものの大勇断がいる。巧妙な呼吸もいる。子どもの為に同じような責任や権力のある人が、一家の中に幾人も居るということは何より悪いことであるということを、充分家内の人々殊に尊族に了解して貰って、可愛さは可愛さ、教育は教育と、そこの界を超えないようにして貰わなければならない。又召使出入の輩にも、よく分かるようにいい含めて、無暗《むやみ》にほいほいさせぬようにしておかなければならない。元来、我が国の成人は子どもというものにちやほやし過ぎる弊がある。これは情からいえば美しいことであるが、教育的には余りよろしくないことである。暇つぶしや、お世辞式に子どもをいじりまわすのは論外のことだが、可愛いからとて、際限のあるものである。こういう客人などにも親しい中なら、予めそれとなく、ほいほい主義をやめて貰うようにするし、又都合によっては子どもの為には多少気を悪くされても仕方ないこともあろう。つらい思いをさせられることもあるであろうが、そこが我が子のためである。家中の皆の大事な坊やのためである。

「家庭集会」の提唱

家庭生活を更生するに有効な実際方法の一つとして、家庭全体が願わくば毎日一度、またせめて数日に一度くらいは打揃って顔を合わせる機会を持つようにしたいと思う。こういえば家族は始終会い過ぎるほど会っているじゃないかという人もあるかも知れないが、今日の多くの家庭で、それがなかなか行なわれてはいない。それも家族が各々外へ出ることが多い家庭ばかりでなく、仮に朝から晩まで皆一緒にいる家庭であっても、本当に顔を合わせるという気持で会うことは少ないものである。所謂一家団欒《だんらん》という画に描いたような有閑家庭風景としての話をしているのではないが、用事の外は口をきかない、会ってもつんつんしている。一つの屋根の下にいるというだけで、互いにそそくさとして日を送っているという風では、家族が顔をつき合わせているといっても、決して心から顔を合わせているとはいえない。

こうして家族が顔合わせの時を持ち得るとすれば、まず第一にお互いに家庭生活の楽しみを感じ、その快感が味わわれる中に、互いにいたわるというようなことが自ら出来てくる。

更生を必要とする今日の家庭に於ては、多分家族のめいめいに不満の心があり、甚しきは互いを責めあうというような気持さえありがちな事情が多いことをまぬかれない。そこで互いにそんなことをしていてはいけないとか、それでは困るとか、しっかりしろい、とかいうような気分が投げ交わされがちになる。これは互いに激励し、互いに力づけるといえば、そういう意味にもなるか知れないが、家族全体が一団になってこそ力の出る家庭生活としては、決して真の更生原動力にはならない。むしろ家族をばらばらにするように思われる。夫は妻を責め、妻は夫を責め、親は子を責め、子は親を責める。それで何の家庭力が生まれるものであろう。それよりも互いに、さぞ骨の折れることであろう、疲れることであろう、しきれないほどの我慢もしているであろうといたわりあってこそ、打って一丸となった家庭力が発生する。但し何も互いに手をとりあい、抱きあって、感激の声を以ていたわり合えというわけではない。家庭同士はそんな改まったいたわり合い方をしないでも十分に心が通ずる筈である。親父は一服の煙草を吸い、妻は番茶を入れ換え、子どもらはせんべいでも噛《かじ》って、ただ何となく見かわすともない顔合わせの間に、これが我が家だという労《いた》わりの気持も湧いてきて、さあ、ひとつ皆でやろう、というような更生力がどこからともなく盛りあがってくるに相違ない。人間は馬ではなし、たたかれればきっと走り出すというものではない。亀の子ではなし、後からつつかれねば首を出さないというものでもない。こうした家族らしい気合から、いわず語らずの励みを生ずるものである。

第二には今日の家庭には、家族でありながら、互いに隠すというほどでないとしても、十分打ちあけた相談をして生活を進めてゆくということが欠けがちだが、これが今いう顔合わせを機会として出来てゆく。打ちあけるというほどでないとしても、そういうわけであったのか、今我が家はそういう事情になっているのか、親父はそういう気持でこの間からやっているのか、妻はそういう風にやりくりしているのか、そんなら俺たちもその目算でこうしよう、というような相談でない相談、打ち合わせでない打ち合わせというようなものが必ず出来てゆく。我々の知っている多くの実例でも、我が家の現状が本当によく家族に知れていない為に、独りで苦労しているものがあったり、ケロリとしているのんきなものがあったり、方針が食い違って重複や矛盾がざらに行なわれていたりして、そのため折角一人ひとりは一生懸命であっても、どうかしようとしても積極的総和にならない例が少なくない。これでは家庭が家庭として更生しないのは勿論、家庭が家庭だから持つ更生力を発揮するものでもない。必ずしも更生のためというだけでなく、家族がつとめて相談を以て歩調を揃えてゆくということは、立憲家庭なぞとことごとしくいわないでも、家庭として極く必要なことである。ましてや更生の必要に直面して、これは極めて大切なることといわねばならない。但し相談が相談だおれになり、いつでも愚痴で解散されるというようなことになってはならぬことはいうまでもないが、世間の往々にしてある家庭内の独裁秘密政策、家庭ファッショというようなことは、家庭をして家庭らしく力づけしめる道では決してない。

これは子どもの家庭教育の実行のためにも同様大事なことである。

家庭教育問答

客「今日は家庭教育のことについて、お伺いに出ました。」
主「なにかむずかしいことでもありますか。」
客「むずかしいどころか、どうしたらよろしいのか、分からなくなってしまうので御座います。」
主「どうするとは。」
客「家庭教育をで御座います。子どもの教育は、家庭が一番大事だということは承知いたしておりますが、それがなかなかうまく参りませんのです。」
主「うまく。」
客「はい。何しろ私どもの家庭では、学校のように時間がきちんきちんと出来ませんで。」
主「時間が。」
客「せめて、毎日一、二時間ずつでも、子どものことにかかりっきりに、なってやりたいと思いましても。」

主「さようですか。まあ、今なすってらっしゃることをお話して下さい。」

客「お聞きを願う程のことも致しておりませんが。なんで御座います。ふた月程前から、子どもの時間割というものをこしらえまして。」

主「なるほど。」

客「学校から帰って参りますと、その日の復習と明日の予習をいたしてやります。」

主「結構ですね。」

客「しかし、それだけではいけないと存じまして——先だっても家庭教育の中心は、精神の教育にあるということを或る先生のお話で承りましたし。」

主「なるほど。」

客「隔日に一度ずつ、訓話をいたしてやることにしましたのです。」

主「ははあ。訓話とおっしゃいますと。」

客「子どもの欠点を誡《いまし》めましたり、修身のいいお話を聞かせましたり。」

主「お子さまは、よくお聞きですか。」

客「とにかく、其の時だけは私も厳しくいたしておりますので。」

主「それで。」

客「聞いてはおりますが、ほんとうによく判ってくれますか、それが心配なので御座います。毎度、前に話してやりましたことを質問してみますと、大体、あまり、とんちんかんの答えもいたしませんけれど。」
主「たとえば。」
客「さようですね。たとえば、親切とはどういうことですかという風に。」
主「何とお答えです。」
客「人に親切にすることですという風に答えます。」
主「え。」
客「目下《めした》のものなどにも、親切にしてやることですと答えます。」
主「なるほど。」
客「なにね、そう教えてあります通り答えるんで御座いますがね。」
主「でしょうね。」
客「答えは、それでよろしいんですが、そう覚えていながら、女中などに対して、ちっとも実行いたしませんので困ります。」
主「ははあ。そうでしょうね。」
客「ですから困るんで御座います。」

主「復習や予習の方は。」
客「それも、実際は、なかなか思う通りに参りませんで困ります。」
主「何故ですかな。」
客「私どもでは、随分いろんな用事があります方で、それに、客が多いものですから、私もなかなか時間割通りに参りませんで。」
主「さようでしょうとも。」
客「そうすると、其の日は一日、家庭教育が予定通りに参りませんのです。」
主「一寸お待ち下さい。（もしもし。どなた。そう。そう。え。ああそうですか。よろしい。そうさせましょう。承知しました。では、また明日いずれ。さようなら）——いや失礼しました。」
客「何か急な御用事でも。」
主「いいえなに。もと宅に居ました若い男が、今度、アメリカへ赴任していくことになりましてね。子どもたちも、その男には小さい時から親しくしましたし、子ども心に、今度の成功を非常に喜んでおるもんですから、船まで見送らしてやろうという相談なんです。十二時の観纜《かいらん》ですから、学校を早退させなければなりませんが。」
客「それは結構で御座いますね。しかし、なんですか、そういう時には学校をお休みにおさせなさいますんですか。」
主「折角、子どもたちの心もちが、その男の門出を大いに祝福しているというわけなんですから、はははは。」
客「………」
主「意義のある場合には、先生に予めよく話して早退させて貰うこともあります。斯ういう場合でないと、斯ういう心の経験をさせることは出来ませんからね。」
客「………」
主「それに妹の方の奴が、まだ大きい汽船の内部を見たことがないので、見せてやろうというのです。それに、お船なんかに乗っていってあぶなくないのと、その男のために大層心配していますしね。」
客「お可愛いこと。お船を御覧になるのもおためになりましょうしね。此の間も、宅の子どもが、学校の先生に横須賀へ連れていって頂いて、いろんなことを覚えて参りました。」
主「船の知識だけなら、いつでも見せてやれますがね。現に自分の親しい人が乗ってゆく船というと、また別の感じが伴いますからね。知識それ自身でない。」
客「お嬢さんも、あの大きな太洋丸を御覧になったら、御安心なさいますでしょう。」
主「はははは。お船なんかに乗っていって、沈没したら大変だって、えらく心配していますんで。此の間も、その男が暇乞いにきた時皆で大笑いなんです。その男も、やさしい男でしてね。こんなに嬢ちゃんが心配していて下さっては済まない。どうか、船をお目にかけて安心して頂きたいなんていってましてね。」

客「それが、よろしう御座いますね。」

主「ところで、奥さんのお話は。」

客「長くお邪魔して相済みません。」

主「いいえ、ちっとも。」

客「なんで御座います。そんなわけで、どうも、時間をきめた教育が、きちんと出来ませんのです。それに、善い行ないの話が分かっても、実行になってくれませんのです。」

主「失礼ですが、奥さんのは、それは家庭教育じゃありませんよ。」

客「へっ。」

主「失礼ですがね。奥さんは、家庭がする教育と、家庭の中でする教育と混じていらっしゃいませんか。」

客「もう少し詳しくお話願います。」

主「家庭教育ということは、私の考えでは、家庭生活が子どもに与える教育をいうので、理屈っぽく申しますと、家庭生活そのものが持っている自然の教育効果を実現するということとではありますまいか。つまり、此の頃の言葉でいえば、生活教育の本場といっていいものではないのでしょうか。奥さんのは、奥さんばかりじゃありませんがね。家庭の中で、学校の教場式な教育を繰りかえしていらっしゃるのではありますまいか。」

客「はあ。」

主「それも、決して悪いことではありませんがね。それなら、何も特に、学校の教育で出来ないことが、家庭教育でこそ出来るというようなことが無くなってしまうでしょう。」

客「学校教育で出来ないことと、おっしゃいますと。」

主「学校は教育の場所ですがね。時には教育だけの場所なんです。だから、学校が悪いとか、いらないとかいうのではありませんよ。学校というところは、そういうところとして必要なんです。しかし、学校には、現実の生活がありませんね。此の点は今日の学校教育者も一番深刻に考えている問題なんですがね。兎に角、それを、十分に、学校に求めることは困難でしょう。ところが、それが、家庭にはあるんです。現実の生活が。家庭というのは、家でも、また庭でもなくて、生きた生活なんですからね。従って、家庭でこそ、すべてが、生活の実感で動いている筈なんです。子どもは子ども相当に。」

客「子どもにも、生活の実感を与えてもよろしいのでしょうか。」

主「勿論、生活の種類にもよりますがね。しかし、実感なしの人間、実感なしの生活では、生活の教育も、人間の教育も出来ますまいね。」
客「それはそうで御座いましょうね。」
主「こないだも、なんでしたよ。母が病気した時、私は二、三日長女にいいつけまして看護をさせました。母も家内も、不賛成でしてね。看護婦も来て貰っているのにと申したんですがね、私は、長女が学校で看護のことを習っている時でしたから、其の実際を看護婦といっしょにさせたんです。」
客「はあ。」
主「これは、何も、そうしなければならないというわけではありませんが、そりゃ学校でも、看護法の講義ばかりでなく、実習とかをするそうですがね。人形の顔に吸入をさせたってね。病人を心配するということが伴わない看護は、無実感ですからね。」
客「面白いことをおっしゃいます。」
主「その時にもです。吸入を何ばいとかするところを、母が、もう疲れたから二はいにしておこうといったんだそうです。そうすると、学校で教わったのとは違うから、もっとしなければいけないと娘がいったんですって。看護婦も、もうおよしになっていいでしょうと止めたそうですがね。もっとも母も大して疲れる病気でもなかったものですから、笑いながら学理通りに従ったそうですがね。」

客「ほほほほ。」
主「人形は、いくら風邪をひいても疲れませんからね。疲れるということに思いやりのない看病は、たまりませんね。ははは。」
客「さっき、お茶をおもち下さったお嬢さんですか。」
主「あれです。」
客「お宅では、お子さま方に、お家の御用もおさせなさいますので御座いますか。」
主「必ずとも限りませんが、まあ、させる方ですね。」
客「宅では、主人が、子どもに、家の用なんか手伝わせてはいけない。子どもは、勉強だけをさせておかなければいけないと申す主義で。」
主「それも結構でしょう。」
客「しかし、なんだかお話を伺っておりますと、家の用も手伝わせた方が、よろしいように存ぜられますが。」
主「私の家では、そうしております。もっとも、強いてそうさせるわけではありませんが、自分の目の前の用で、自分たちに出来ることは、自然するような習慣になっております。」
客「やはり生活即教育とおっしゃいましたお考えからですか。」
主「なあに、そんな大した理論から出発したんじゃありません。なんだか、そうなっておるんです。生活即生活というくらいのところですかね。ははははは。」

客「これはどうも、大層長座いたしました。また、いろいろお話を伺わせて頂きとう御座います。」

主「さようですか、今日は、ほんとうにお構いいたしませんで、失礼しました。母も家内も女中たちも、さっき申し上げた外国へゆく男の方へ、手伝いに行って留守だもんですから。」

客「お子さま方も。」

主「はあ。」

客「お上のお嬢さまも、おあとから、いらっしゃいましたんですか。」

主「そうでしょう。また是非、みんなのおります時にごゆっくり。」

客「ありがとう御座います。是非お邪魔させて頂きます。では御免被ります。」

主「さようなら。」

菓子はなぜ甘いか

菓子はなぜ甘いか……

これを菓子屋さんに問えば、

「手前共のは、砂糖を吟味してございますから」という。

これを化学者に問えば、

「糖質が主要素になっているからである」という。

向きをかえて、これを心理学者に問うてみると、

「舌の表面の味蕾の中にある味覚神経が刺激されるによるものである」という。

そんなことなら、聞かないだって判っている。これを子どもに問うて御覧なさい。子どもは、妙なことを聞く人だというような顔をして、可愛らしく円い目で、暫《しばら》く、あなたを見るかも知れないが、その答えは、直截に明瞭に、きっとこういうにきまっている。「お母さんが下さるんだから」

＊　＊　＊

昔々大昔、あるところに、お母さんがいた。我が子に与うべき食物について、何と何とが必要であるかということを精《くわ》しく研究した。Aも与えた。Bも与えた。CもDもEもFも与えた。それだけ与えれば、子どもの栄養として何の欠点もないと人がいってくれた。しかし、お母さんはまだ何だか物足りない気持がした。つまり、そうした食品の外に――草の根や魚鳥の肉の外に、自分の心が味わわせたかった。我が子を思う自分の心を味わわせたかった。殊に、子どもが、三度三度の定まった食事の外に、ねえねえといって寄り添ってくる時に、それが、母というものを味わいたがっているのだということは、いつでも明らかに読めるのである。そこで、我が子を思う母の心と同じ味のするものはないかと探した。いくら滋養があっても、味のないものでは此の役に立たない。酸いものや塩からいものでは駄目だ。まして、辛いもの苦いものでは以ての外だ。

お母さんは、いろいろ工夫した末に、やっと一つのものを発明した。そして、それを我が子に与えてみるとほんとうに満足して、お母さんのような味がするといって、非常に喜んだ。――これが、そもそも菓子の起源であると、著者の分からない書名のない真理の本に書いてある。

＊　＊　＊

太郎が、おやつの菓子をたべている。お爺さんは、さっきから、目を細くして、そのうまそうな孫の口元を眺めている。

「坊や、お菓子が、そんなに、おいしいかい。」

「……。」

「ハハハハ。ほんとうに、うまそうだねえ。坊やは、なぜ、そんなに、お菓子が好きなんだい。」

「甘いんですもの。」

「ほう、そうかい。ハハハハ。甘いからかい。ハハハハ。」

太郎は、お爺さん、何が面白くて笑っていらっしゃるのかしらと思いながら、菓子を食べ終わると、さっさと、庭の方へ行ってしまった。

お爺さんは、その後でも、まだ、ひとりでにこにこしていたが、ふと、心の中に、太郎のお父さんが、まだ幼い子どもだった頃のことが、思い浮かんできた。あの髯のある立派な紳士が、太郎と同じような水兵服を着て、よく、お母さんに、菓子をねだっていた時の様子が、つい昨日のことのように、目に浮かんできた。そして、何ともいえない、甘い心もちが湧き上がってくるのであった。

そこで、お爺さんは、静かに立ち上がって、ひとりで、にこにこしながら、明るい部屋の中を歩き回っていたが、ふと、壁面の、太陽の曽祖母《ひいおばあ》さんの写真に目が合った。すると、今度は、急に、自分の子どもの時のことが、遠い記憶の中に思い出されてきた。あの、菓子好きであった自分が、しょっちゅう、此のお母さんの膝をつついては、鼻をならして、ねだってばかりいた時のことが、夢の中のことのように思い出されてきた。

「ハハハハ。」

お爺さんは、たまらなくなって、ひとりで笑い出した。そして、さも、大真理を発見したように独語した。

「ハハハハ。人間というものは、こうして、子孫代々、親から、甘い菓子を貰っては育っていくものなんだな。」

＊　　＊　　＊

菓子はなぜ甘いか。

子どもは、口でばかり菓子を味わっているのではない。

まむき　よこ顔　うしろ姿

家庭教育の要諦三態。
写真の話ではありません。しかし、考えてみれば、我が子の心へ母の姿がどう映るかということは、家庭教育の最も大切な要件でなければならない。

一

まむき。これにはかなりいろいろの場合がある。訓戒、こごと、こわい顔のまむきもある。それも時に必要なことに相違ないが、此の意味でのまむきは家庭教育として多過ぎるほど行なわれている。我が子の教育即こごと、家庭教育を此のひと手と心得ている人もあるくらいだ。今また、改めて奨励するまでもあるまい。ただ折角の親の顔を、これだけでは惜しい事だといわなければならない。それに、そういう場合子どもはいつも顔を垂れ目をふせているから、ほんとうの親のまむきはよく見えないことが多い。又、旧式の写真のように形の輪郭だけが、いやにきつく、硬い線に出て、ぎごちないものになり易い。親、特に母のまむきには、もっと柔らかいまるみもふくらみもある筈である。

一体、母のまむきは、見せる見せないでなく我が子としての何よりの喜びである。まだ乳呑子の、母に抱かれて乳房をふくむ頃からしげしげと見ているものは母の顔である。その時の母のまむきの何という嬉しいものであろう。世の一切を忘れて、自分を抱き、自分を見つめてくれている母の瞳に小さい自分が宿っている。その小さい自分が笑えば、母の顔も笑う。自分がむずかれば、母の顔もハラハラする。自分の気持の通りに動きながら自分のほかには少しでも動く事のない母のまむきの、何と嬉しいものであろう。更に、この喜びが、子どものために如何なる効果をもつか。母乳がもつ栄養の価値は誰も知っている。母のまむきが、我が子の心性の上にもつ価値も忘れてはならない。乳は肉を養う。哺乳は人間を育てる。その哺乳は母のまむきのしていることである。

子どもは、いつまでも母に抱かれてばかりはいまい。自分の自身の遊びを始めてくる。自分の好きな友だちの方へゆく。やんちゃになる。我儘になる。生意気になる。けれどもやはり母のまむきは、その喜びである。それが無くては、幸福がみたされない。人間として育つ上にもつ其の効果も、まむきに抱いてやった哺乳の場合と変わりない。ただ違うのは時間をきめて与えていたのが、何時不意に我が子がそれをもとめてくるか分からないことである。だから、母は、いつでも其の用意をしていなければならぬ。

我が子に対する母のまむきは先ず遊び相手になってやる事である。勿論、にらめくらばかりがまむきではない。鬼ごっこで追われるのも追うのも、キャッチボールで投げるのも捕るのも、ままごとのお客になってやるのも、売りもの遊びの相手になってやるのも、まむきでなくてはやれない。よそみ、うわのそら、そんな態度では子どもの遊び相手にはなれない。手も心も一ぱいにひろげて、顔も心も子どもの方へ、ま正面に向けてやらなければ子どもは承知するものではない。しかも、そうして貰った時の、子どもの喜びはどんなであろう。これは先生にも付添いにも、子どもが要求してくる態度であるけれども、それを親が自らしてくれた時子どもの満足はどんなであろう。素より親にはうまい相手の仕方は出来まい。子どもには、それで結構なのである。まずいのが結構ではないが、そんなことよりも、親のまむきに触れることが出来るからである。

実際子どもは親のまむきを求める。どうかすると抑え切れない強さにその要求が湧いてくる。親が恋しいのである。遠く別れているのでもないのにと、それは親の方の考えである。一つ家庭に常住いっしょに居ても、随分と我が子から離れている親もないではない。心の隔てがあるというのではないが、子どもの心としては、もっと付かせてほしい。触れたい、接したい、まむきを与えて貰いたいことが屢々ある。それも何必要あってというのではない。ただ純粋にまむきを合わせたいのである。此の心もちを、親を占有したい心ともいったりするが、それは言葉が強過ぎる。形の上ではそんな風な形になることも少なくないが、つまりは、親のまむきを自分の方へ向けて貰いたいのである。といって芝居の子役が舞台でするように、親子手をとり顔見合わせてということを、家庭の子は、しもしなければ、したいとも思わない。たまには、ジッと母の傍へ寄り添ってきて、懐しそうに母のまむきの優しい目を求めるようのこともないではないが、そんなことは一瞬のこと、母が感傷的な心もちにでもなって笑顔をかえしたりすると、今寄ってきた子が直ぐまた飛んで行ってしまったりするくらいのものである。それよりも遊びなり仕事なりの生活の裡に、親も子も意識しないで、しかも存分に享受し得る親のまむきこそ、子どもにとって何よりの幸福なのである。

子どもの相手になってやること、そんなことが家庭教育の要諦かと、軽く考えてはならない。相手になってやってこそ、親と子とが一つに結びつくのである。親と子とが一つに結びつかないで、なんの家庭教育が存在しよう。世には、我が子の相手という一番大切な親の役目をすてておいて、面倒くさがって、我が子の家庭教育をただ考えたり計画したりばかりしている親がある。そんなことで、なんの家庭教育も実際に出来るものではない。時には我が子の談話のよき聴き手として、時には我が子の学習のよき協力者として、時には又我が子の悩みの懇《ねんごろ》な共鳴者として、母は、いつでも、其の忠実なまむきを我が子の前に与えてやらなければならない。それも、必ずしも教えてやり解決してやるというためではなくて——それは或いは他人にして貰ってよい。自分でなければ与えられない親というものを与えてやるためである。

二

母はいつでも、自分のまむきを我が子に与えてやりたい。しかし、母には母の用事がある。我が子のために常に用意しているといっても始終手を空けて、子どもの側にばかり居られるものでない。家庭教育は、そういうことの出来る暇な母だけの仕事ではない。否むしろ朝から晩まで追われるように忙しい家事の裡に行なわれるものである。そこに子どもは母のよこ顔を見る。よこ顔、これをプロフィールなどと現代風にいえば、側面観、部分観、のぞき見といったような意味になる。しかし、家庭教育の一つの要諦としての母のよこ顔が、そんな当世風にあっさりとしたものであるべきではない。又、社交、享楽、外あるきの、母のスマートなよこ顔にあでやかさはあっても、子どもの心に懐しいとも貴いとも映らない。子どものために、価値のあるのは、もっとじみな、少なくも容《かたち》づくらないよこ顔である。

母のふだんのよこ顔は、母が何かの勤労をしている時にある。畔から見える田植の母のよこ顔、わき目もふらず急ぎの縫いものに針を運んでいる母のよこ顔、まむきに向けてくれた顔の優しさとは違った、仕事への専心の顔である。子どもの心は、ほどける代りに引きしめられる。あまえてゆきたい懐しさと違った、力強い、張りのある懐かしさが感じられる。

家庭教育は、言葉よりも事実の教育である。教説よりも生活の教育である。今し其の生活の事実の裡に没頭している母の無言のよこ顔に、如何に大きな教育力があるかはいうまでもない。母は教育者であるが、そのまえに生活者である。家庭の実生活を離れて、教師の姿はあっても母の姿はない。その意味に於て、家庭生活に勤労する母のみが、真に我が子の家庭教育者たり得るとさえいいたいくらいである。どんなにまむきを与える母でも、家庭勤労を無視せる、所謂「ひまな母」にはほんとうに実のある、我が子の家庭教育は出来ないといってもいいくらいである。勿論、よこ顔ばかりでは家庭教育は無い。しかもまむきばかりが家庭教育の全部では決してない。のみならず実際上、母のよこ顔——生活への没頭の全くないような有閑家庭では、かえって母のまむきも無いことが多い。忙しい母の方が、かえって忙しい中に心の籠ったまむきを与えるものである。これは何だか計算の合わない話のようであるが、こういうところに、家庭教育、人間生活そのものの妙味がうかがえるとでもいうのであろう。

いうまでもないようなことを、念のためにいい添える。それは、ここにいうよこ顔がどこまでも母のよこ顔でなければならぬことである。いくら生活に忙しいからとて、我が子への関心のぬけたようなよこ顔であってはならないことである。冷たいよこ顔、そっけないよこ顔、ぼんやりと放心のよこ顔、鏡の中の自分だけへまむきを見せるよこ顔、況《いわ》んやうるさそうにそっぽを向いたよこ顔、面倒臭そうに知らんふりのよこ顔、こんなのは、半兵衛さんのよこ顔であっても、母のよこ顔ではない。それから、またこれ等とはずっと異なるが、まともに我が子を見るにたえないといったような場合の、目をそむけたつらいよこ顔、それは一種悲痛のよこ顔であるが、やはり母のよこ顔とはいえない。我が子よりも事業の方に多く関心をもち、或いはもたなければならぬことの間にある父親、我が子の直接のことは自分でしないでも誰かがするものと決めている父親は、家庭の中でも我が子へよこ顔ばかり見せている事が多い。それが正しい父のよこ顔として許さるべきか否かは別として、母までそんなよこ顔をされては以ての外である。ここに私のいう母のよこ顔の教育的価値説を万一誤って、そんなことの容認にまで濫用する人があったら、それこそ向き直って責めなければならない。

三

まむき、よこ顔。我が子のための母の姿は、此の二態に止まるといってもいいかも知れない。うしろ姿なんていうものは帯でも自慢しようとする人のほかは、写真にも滅多に撮らせないものだ。まして、うしろ向きで家庭教育をするなんて、薄気味の悪いような話に聞こえる。実際いくら母のだといってもうしろ向きそのものに、何の教育価値があるものではない。劇や映画ではうしろ向きの魅力などいうこともあるが、そんな舞台技巧や、きざなことは、家庭教育には、一切無関係でもあり、若し行なわれたら邪道である。

しかし人間には誰しも立派なうしろ姿はあるものだ。進み行く人のうしろ姿、登り行く人のうしろ姿、或いは発足せんとする人のうしろ姿、いずれも立派なうしろ姿である。その人には、望みがあり、憧れがあり、少なくとも方向がある。そのうしろ姿には、向上進歩少なくとも現在に晏如《あんじょ》たらず、停頓せざるものがある。それが、後からくるものを導かないまでも促す力をもち、促さないまでも力づける事はいうまでもない。母も亦その種のうしろ姿を持っている筈である。今外から帰ってきた子どもは、母のまむきを楽しみにしてきた。少なくとも母のよこ顔を予想していた。いつも母は優しく迎えてくれるか、忙しく働いているかである。ところが今日はどうした事であろう。母は奥の部屋にいて熱心に修養の本を読んでいた。子どもは、いつものように声をかけないばかりか、側へゆくのも控えて、母のうしろ姿を見つめた。そして自分も静かに自分の机に来て本を開いた。

或る日母は講習会へ行く事を告げて家を出た。買いものにゆく時の母とは違ったうしろ姿である。常ならば留守をいやがる子どもも、おとなしく玄関に母を送って、子ども心にも精励な聴講生としての母の態度を感じさせられた。

母とは自分に本を読ませるだけの人ではない。自分に講話して聴かせるだけの人ではない。

母も自ら修養し勉強する。これこそ、子どもにとって、厳かな発見であり、切実な励ましでなければならぬ。そのうしろ姿の力は、恐らくは、まむきで説き、よこ顔で教えるよりも、更に深い何ものかを我が子に与えるものであらねばならぬ。

こうした意味で、母のうしろ姿も家庭教育の一つの大切な要諦になる。

＊　＊　＊

さて、まむき、よこ顔、うしろ姿、と三つ並べて、それは素より別々の母の姿ではない。一人の母がもつ三様の態度に、それぞれ貴重な教育価値を認めるのである。ただ実際の上に於ては、母によって、それぞれ此の三つの態度の所有され方に差違がある。それも事実、其の人にあることであるから仕方ないというものの、それによって、家庭教育としての結果が異なってくることは否まれない。兎に角、母としての三態の適宜なそなわりようにこそ、家庭教育の真の要諦があるのである。

子どもの癖しらべ

ぐずぐず癖

一

子どもとして最も罪のない癖の一つにぐずぐず癖というのがある。何か悪いことをするという積極的な癖ではなくして、何をするにも、さっさとしない消極的な癖だ、分かりよくいえば、心で思うことが直ぐ実行に移らないのである。

これが傍からは、わがままからのことのように見える。そこで横着ものとされたりする。横着というのはどういうことか、はっきりした定義もないようだが、為すべきを承知していながら、敢えて（わざと）為さないというけしからない要素を含む。ところが、子どものぐずぐず癖では、必ずしも、そうした憎むべき横着からではなくして、何だか実行への着手が、われともなく手間どるに過ぎない。――しかし、それが一つの癖になっているので困るという場合が多い。

朝、寝床の中で、いつまでもぐずぐずしているのは、冬などでは寒いからということもあろうが、起きなければならぬと思う心と、その実行とが一つにならないのである。やっと起きてもぐずぐずと顔を洗って、ぐずぐずと食事をして、もう時間だというに、さっさと出かけたらよいのに、なんだかぐずぐずしている。それが、学校がいやなのかというにそうではない。遅刻しないように行きたいと、心では思っているのだが、せきたてられないと出かけない。いざ出かけるとなっても、靴の紐を結ぶのに、いつまでもぐずりぐずりとやっている。こんな調子であるから、勉強するにしても、勉強がそんなにいやというわけでもないが、机の前に座るまでのとっつき、とっかかりというものが、ぐずぐずと手間どる。夜、寝るのでさえも、目はねむいくせに、いつまでも、用もないのに、ぐずぐずとしている。親から見ると、じれったい至りだが、本人も自分でどうすることも出来ないのが癖なのである。

二

ぐずぐずの原因には癖というよりも、生理的原因によることがある。一般の健康がよくなくて気が重いというような場合、又神経が衰弱していてはきはきしない場合、実行の着手が捗《はか》どらないのは大人でも子どもでも同様である。そういう時、此の傾向を直すのに先ず、其の生理的原因に遡《さかのぼ》ってゆかなければ解決されない。鼻の治療をしてから急にはきはきしてきたり、夜ふかしを止めてから気が冴えてきたりすることは珍しくない。故に、ぐずぐずの余り甚だしい場合は、ただ叱ってばかりいないで医師の診察を受けることが先ず必要である。

第二の原因としては、怠惰・不熱心から、実行を欲しない故にぐずぐずすることも常にあることである。此の場合ひとたび真にしなければならぬと考えれば、ちゃんちゃんと行なってゆけるので、つまり、理由のあるぐずぐずともいえる。此の際、怠惰・不熱心が悪い性癖となることはあるが、ぐずぐずそのものが癖になっているのではないので、原因の方を除けば、ぐずぐずは容易に直るのである。ところが、ここにぐずぐず癖といっているのは、ぐずぐずそのことが、習慣的に性癖となっている場合である。一体、心で思うことと実行することとは、何の間隔もなく連絡していることのように考えられるが、それは本来二つのことで、それがよく（速やかに）結びつくかどうかは習慣的に変化されてゆく。始終よく連絡するようにしておかないと、その間のつながりが悪くなり通じ方が遅く鈍くなる。つまり絶えず路がついていないといかぬのである。勿論、この通じ方の遅速は生まれつきによることもあるが、平生の癖のつき方が大きい力をもつ。故にぐずぐずするのはその悪い習慣からということになり、癖として矯正すべき性質のものになるのである。

癖であるから、小さいことが習慣的に積もり積もって、遂に容易にかえられないものになる場合が多い。何か一寸したことでも、今すぐした方がいいと思いつつ、まあ後にとぐずつかせていたりすると、それが重なって、いざという時、われながら困る癖になるのである。それを傍からがみがみと理屈づきの小言で励ましたり促したりしても、その理屈くらいのことが分からないのではなく、分かってはいるが、ただ、そういう癖がついているためなのであるから、分かってる分かってるといいながら相変わらずぐずぐずしている。甚だしきは、理屈が分かれば分かる程その理屈だけ考えていて、かえってぐずぐずすることがあったりする。この場合如何にも反抗的にわざとぐずついている風に見えたりするが、必ずしもそうではないので、理屈が途中につかえて、心から実行への疎通が妨げられているのである。であるから、どんな小さなことでも思いついたことは直ぐ実行するという、日々の癖をつけて、いつでもそうなるように、通路をよくつけておくより仕方がない。

三

癖は、原因も習慣だから、矯《なお》すのも習慣でいくより他ないが、何分今まで続いているものだから、自分ひとり気を取り直して、新しい習慣へ一歩移ってゆくということが、実際にはなかなかむずかしい。そこで、何か環境的きっかけを助けとして、それで力をつけるのも必要である。それは、改めて決心を促すというよりは、周囲が変わることによって、子どもの気も変化を受けて、今までの癖に一転機を与えることがあるのである。但し、癖によって、必ずしもそう簡単にいかないものも多く、本能的基礎をもつ習慣たとえば虚言癖とか盗癖とかいう風のことでは、こうした外部的力が大して効果をあらわさないが、今問題にしているぐずぐず癖の如きは、謂わば単に繰りかえしだけからついた癖であるから、最も単純に直すことが出来る。ただ小さいことはどうでもいいという考え方だけやめて、どんなことにも、心と実行とをさっさと結びつけてさえゆけば、大きな、むずかしいことにも、そのよき癖が役に立つのである。殊に極く実際のこととしては、むずかしいことよりも何でもない小さなことにかえってぐずぐずするもので、こんなことは、どうでもいいと思って投げやりにしておく中に、癖としてはだんだん力強いものになってゆくのである。

あいだ食い癖

一

お正月は子どもの癖を矯すのにいい転換の機会でもあるが、またお正月からつき出す癖もある。その最も普通な初癖の一つが間食癖である。お正月は何かと食べることが多く、家中にいろんな食べものが置いてあると共に、学校も休み、勉強もひまとあって、遊びと食べるとで日も夜も過ごすといった風になる。朝のお雑煮から引きつづいて、年賀の客が来る度に、ちゃんとお目出とうでお菓子。カルタに勝ったといっては蜜柑、負けたといっては煎餅。そのほか、茶の間にもお客間にも、始終甘い誘惑があり、蓋をあけた開放がある。ついつい、つまみ食いということになり、不規則間食ということになる。手につく癖か、口につく癖か、胃につく癖か、多分三つとも妥協の上での癖であろう。別段、罪悪というでもなし、末おそろしいというわけでもないが、一つの悪癖には相違ない。それも、斯うのべつな間食が衛生上よくないことはいうまでもないとして、癖そのものとしては、其のだらしなさが問題なのである。むずかしくいえば、斯うして性格上に節制力の減退をきたすであろうことが心配なのである。

二

こういう癖の子どもが、必ずしも食欲旺盛というのではない。ちょいちょいつまんでいる総量は或いは相当多いものになるかも知れないが、こういう子どもに限って三度三度食事の分量が甚だ少ないもので、差し引き、食べられるだけを食べているものであろう。すなわち、胃拡張にでもなれば又別だが、普通は空腹感から間食《あいだぐ》いを貪るというわけではなく、ただ、絶えず味覚の刺激を受けていないと、所謂口ざむしいというだけのことである。口ざむしとは昔の人もなかなかうまいことをいったもので、食うための口でなく、口のために食っているという実際を、まことに巧みにいいあらわしている。つまり、ひもじいのではなくて、さもしいのだということになる。

これと同じの悪癖が、赤ン坊にもあり紳士にもある。赤ン坊が例のゴムで拵《こしら》えた乳首というものを、ひっきりなしにぴしゃぴしゃと、しゃぶっているあれである。初めは乳の呑み過ぎを防ぐための、通称おだましのつもりで与えられたのであろうが、それが、いつの間にか癖になってしまって、それが無くては片時もおとなしくしていられなくなる。紳士の煙草もつまり同じようなわけのものであろう。何がうまいというでもなく、勿論なんのためにというのでもなく、ただそれがないと、口ざむしいのである。つまりさもしい悪癖である。

三

癖である以上、理屈では直り難い。意志の強さで打ち勝つ他はないがそれは子どもにはむずかしい。叱るのも、つまりは意志の力を外から補うことで、叱ったからとて直ぐ直るものではない。これはどうしても、誘惑のもとを断ち切るより他はない。つまり環境から直してゆかなければならぬ。食べるものが、出鱈目にそこらに出ているというようなことを、まずあらためるのが肝心である。大人が気まぐれな間食を、子どもの前でしたりしてはならぬことも勿論である。

と同時に、間食そのものが悪いのではないから、規則正しい間食を、むしろ進んで用意しておいて、きちんきちんと与えるというようなことも、是非一方に実行しなければならない。お前は食いしん坊だから、その癖を直すために、当分何にもやりません。その癖が直ったら再び間食の解禁をしてやるなんて、国家がする金の輸出禁止のようなことをするのは、かわいそうなばかりでなくかえって無理であり、間食は直っても他によくない心を起こさせたりする。そこで、今までの食いしん坊を、急に絶対的食い辛棒にするというようのことでなく、むしろ大いにいい間食を規則正しく与えて、一方、その自然の欲求に満足をさせてやりながら、規則正しい習慣に置きかえるという風に工夫すべきである。欧米の子どもは我が国の子どものように、だらしなく物を食べていない。実に感心だ。随分厳しく躾《しつけ》る結果だろうという人も多いが、子どもを感心すると同時に、その欧米の家庭で、規則正しい間食をきまりよく用意して与えている親に対しても感心してやらなければならない。つまり一方に与えることで、他方に奪っていることを見落としてはならない。もっとも、欧米の真似をして、お三時を何時にでも与えたりしては何の役にも立たない。又当分の中実行しても、つい忙しいので忘れたから、さあ勝手にお上がりといった風に、親の方で先ずくずれたりしては困る。学校へ上がらない幼い子なら、お三時の外に午前のお十時も必要であろう。——というのは、何も私の甘い間食論でなくて、乱れた癖は、正しい癖で置きかえるという、悪癖矯正の一原則に従うまでのことである。

四

更にこの悪癖の始めを探ってみると、これはしたり、親の方から仕込んだのであることも稀でない。まだ幼い時、泣きやませるためにといってはお菓子、おだて励ますためにといってはお菓子、ご用をさせたからといってはお菓子、こんなことで、それが三十分置き一時間置き、という風に連続したりしたら、いやでも癖にならざるを得ないのである。つまり、癖のつけ手は親であったのである。そうしておいて扨《さて》、今となって急に厳禁とは、いわば親の変節ともいうものである。これは大いに初めから注意しておかなければならない。それからまた、家中の人が、一人一人としてはほんとの時々しかやらないでも、多勢が連絡もなくやるので、貰う本人としては、しょっちゅう何か食べているということになることもある。おじいさんから、おばあさんから、お母さんから、叔母さんと、順ぐりにうまく渡りをつけていれば、子どもとしてはのべつの間食をしていることで、誰にも責任のないような、実は皆に責任のあることになるのである。

だらしない間食癖が、一段発展して買い食いということになると、何か食いたい、何か買いたいの二重癖になる。これは又一段とよろしくない。それが相当の家庭でも、近所に子ども菓子の店でもあったりすると、案外珍しくないことである。子どもとして、自分で店へ行って、好きなものを勝手に選んで、自分の金でいばって買って食べるということは、子どもとして兎に角面白いことに相違ない。それだけそれが悪癖になる危険が多いのである。これは間食の問題としてよりは、消費の問題として、一層大きい問題になってゆくのであるが、買い食いという一種特別の小道楽として、子どもによくあることである。それを矯《なお》すには、金銭の自由について禁じてゆくより他ないが、この場合でも禁ずるだけでは解決がつき難い。

その代りを充たしてやることが常に必要である。特に買い食いというようのことは、これこそ初めは親の教えたことといってもいいので、わが子のために適当な間食を用意しておいてやることを忘れて、又、親自身買いにゆく労を省いて、十銭玉一つやるという簡便法を、一度、二度とくりかえしてゆく中に、つけるつもりでない癖をつけてしまうのである。

それを逆にもどすのが親の責任でもあり、相当根気よく骨を折らなければならぬことも覚悟すべきである。のみならず、もとをただせば、親が悪かったのであるから、わが子に済まなかったというくらいの、厳粛を感じて、極めて懇切に、極めて周到に、それを矯す心がなくてはなるまい。

虚言癖（上）

一

「困りますねえ、あの子にも。」

「とっちめてやるがいいよ。」

「大人になって石川五右衛門のようになられたら大変ですからね。うそつきは泥棒の始めといいますからね。」

「まさか……しかし何とかして矯さないといかんな。こないだ随分やかましく叱っていたようだがなんといってやったんだい。」

「あたり前の叱り方じゃききめがないのですもの。それに、うそをいっておいてどこまでも隠しますからね。」

「そうか。白状させ方はないものか。」

「水天宮様をお呑み。血を吐くからってね。そういってやりましたら、呑むよっていうのでしょう。手もつけられません。」

「呑ましたらいいじゃないか。」

「でも、実際なんでしょうかしら。」

「さあ。そりゃあね。……」

「ですもの。昔の子どもと違って今の子どもはなかなかいい加減のことではききませんからね。」

「え、おえんまさまの金槌でも駄目かい。」

「そんなこと。……」

此の父と母とは、我が子がなぜうそをいうかは研究しないで、ただうそは悪事だからというばかりで困りあぐんでいる。

二

子どもがうそをいうにはいろいろの場合がある。それが夫々異なっているのであるから、うそにも種類があるわけである。児童心理学者はそれを細かに分類して、随分と沢山のうそ番付けを並べている。一寸数えても十や十五にはすぐなる。しかし、その中で幕内格のものの代表的なものを挙げてみると次のようになる。

一　だます心のないもの

二　だまして楽しもうとするもの

イ　からかいのうそ

ロ　虚栄《みえ》のうそ

三　だまして自分が得をしようとするもの

イ　のがれのうそ

ロ　詐偽のうそ

四　だまして人の為を計ろうとするもの

イ　かばいのうそ

ロ　人を喜ばすためのうそ

これ等は一々説明するまでもなく、どこの家庭でも、日常いくらでもわが子の生活から拾えるうそだと思う。お伽《とぎ》話などにはうそが沢山出てくるが、それは必ずしもだますという心からのうそではないことはいうまでもない。ただ、事実でない想像を語っているというだけのことだ、だからうそつきという罪名に当たるところは少しもない。それと同じような意味で、想像の強い子どもの言葉に、事実でないことがあったからとて、必ずしも悪でないことが沢山ある。「さっきね、お庭の花に水をかけてやったの。そしたらね、ああいい心持ですといって、花がおじぎしたわ。」こういううそを咎《とが》めるものはない。小さい兄さんくらいは、妹がうそをいってるというかも知れないが、お父さんも、お母さんも、とろけるような顔をして、我が子の美しいうそに聞き惚れられるだろう。幼い子どものうその中に、こんな詩のうそが屡々ある。詩のうそは、うそはうそでも、だまそうという心のうそではない。

その次の、からかいとみえとは、だまそうとしているものに相違ない。しかし、ただそれだけのことで、そうそう深いたくらみからのものではない。謂わば、ほんの楽しみにしているのであるともいえる。善良の楽しみでもなく、高尚な楽しみでもないことは勿論だが、道徳上の罪悪というほどのものではあるまい。一体からかいとみえとは、心理的には自分の優越感を楽しみたい要求から出るもので、からかいは相手を弱者扱いすることによって自分が優越の位置に立とうとし、みえは自分を飾ることによって優越感を占めようとすることである。いずれにしても自分の真価に基づく優越感でないことはなさけない至極であるが、なさけないだけで罪悪というほどではあるまい。両方ものもとになっている優越感の要求そのものは、子どもとして罪のないことだから。

但し、からかいとみえとを二つ較べると、その間に心理上の微妙の相異はあって、外から見てはからかいの方が悪いようで、内面的にはみえの方が悪の傾向を余計もっている。いいかえれば、からかいは相手に対しては悪いが、みえは自己の方へ悪い根になる。従ってからかいはその場のことで済み、一種の遊戯のような趣きが多いが、みえは単なる遊戯ともいえない。しかし、こういってみたところで、根が子どものことである。みえといっても極く無邪気のことでそれが直ぐどうのこうのという程のことでもない。これ亦、稚気千万《ちきせんばん》のことに過ぎぬ。

「うちにはね、金の茶釜が百あるのよ」「私の先祖は大豪傑なのだ」こんな類のことを、子どもがよくいう。また「僕今日学校で一番よく出来たよ」なんていう高慢を、出来の悪い子どもがかえっていったりするが、稚気の外何ものでもなく、或いはまた、そうしてうそでみえをしなければならぬところに一抹のあわれをさえ感じさせられる。

三

だまして自分が得をしようとするうそは、これは何といっても悪い。積極的にうそを仕組んで利を収めようとするのは素より、消極的にうそを用いてのがれようとするのも、何といっても立派な態度ではない。子どもにもこういう心の癖をつけてならないことは勿論である。しかし、これも亦、子どもという立場になって見てやるとそうそう責めるだけでも済まない部分が残る。一体、これは弱者の武器でもある。動物界に擬態・擬色といって、弱い虫などが自分を安全にするために周囲の木や草の色や形と同じになり、敵から逃避することが多くある。弱者をまもる自然界の事実として見られるのであるが、弱い子どもがうそをいう時、この自然界の事実が思い出されたりする。だからうそつきは弱虫という洒落《しゃれ》をいうわけではないが、又、苟《いやしく》も道徳性を具うる人間の子どもを、虫の法則で宥《ゆる》し得るものではないが、まあ、こんなことも考えの中に含めてならないものでもあるまい。

自分を護るということは、欲と同じに人性の大きな一本来であり、それを見つめた上でその子のうそに判決を下してやらなければならぬ。だから一切情状酌量というのでは決してない。ただ、そこまでの深い見方で取り扱わないと、手段としてのうそを矯正して、もっと深いところでうその生活者にしてしまうおそれが無いでもないのである。

虚言癖（下）

子どものうその正体、あらかた以上の通りとして、さて、子どもに虚言の癖をつくのはどういうところからであろう。それはつまり、虚言の功徳《くどく》を覚えさせること、虚言の愉快を味わわせること、この二つに他ならない。

過ちを犯した子が、ぎゅうぎゅう責めに責められたとして、白状したいのは山々であるけれども、白状したらどんな目にあうをも知れぬという時、苦しまぎれについいったうそのお蔭で、その罰から逃れ得たとする。気の弱い子にとっては、こうしたうその功徳は、一度から二度、二度から三度と、だんだん癖になってゆくのも無理からぬことだ。またそういう時にその道の老巧者たる年長者から、いいことを教えてあげよう、これこれこれこれとごまかしておくのさ、といった風の知恵をつけられることもある。

その場合に、おそるおそる使ってみはじめたうそが、次第次第に年功を積んで、立派な癖に仕上げられてゆくのも無理からぬことだ。殊に、一度いったうそが、それをかくすためのいったうそのうそ、うそうそうそと子を生んでいって、正直に立ち戻る暇もないといった仕儀で癖になるのも、謂わば、しょうことなしに覚えてゆくうその功徳の鎖つなぎのようなものである。

そこで、こういう癖のつかないためには、うその功徳にたよらなくてもいいように、親が気をつけて子どもを明るく取り扱ってやることである。小言の多い親が、いつの間にか、わが子を大のうそつきにしていることは少なくない。うそをいうと承知しないよといっては、その度に、新しいうそを答えさせていることさえ稀でない。うそより他に逃れる路のないようにしておかれて、さて、何故うそをつくかといって責められたら、うその虜《とりこ》となるの他はない。それよりも、正直になれるぬけ路を与えてやることだ。そうすれば、うその功徳よりも正直の功徳の方を教えられることにもなり、何も好んで虚言癖にならなくともすむ。

うその功徳から見ると、無邪気のようでもあり、一層不都合のようでもあるのは、うその愉快の味を楽しむことである。何も今必ずうそをいわなくては困るというのでもないのに、一寸だましてみることの面白さ、つまり相手を弄《もてあそ》んでみることの自己優越感と、だまされた相手の愚かさを見おろす興味と、そんなものの混じりあった卑しい味がこれである。あの狐や狸のもっている。人をだまして得意になっているのはつまりこの卑しい愉快からであろうと思うが、卑しいからとて面白いことであってみれば、おのずと癖になってゆくのも自然であろう。

ところで、賢が愚をだますのが普通として、子どもの場合、それが屢々逆に行なわれるところに、一層の愉快も伴うというわけになったりする。小さい孫にだまされて、目を無くして喜んでいる祖父さん。娘のうそをうそと知りながらその手に乗せられている祖母さん、素より御承知の上のことであるから、実際馬鹿にされているわけではないのである。けれども、孫や娘の方になると、占めたとばかり、いい気になって喜んでいたりする。だまされている方も喜んでいるのだから世話はないお互い様のことであるが、だまされる愉快と、だます愉快とは、道徳的にといわないまでもが、人間的に大層な差別である。

で、……と一口にいってもかなりにむずかしいことだが、子どもの虚言癖を矯すのは、前にいった功徳の反対、愉快の反対の、虚言の不愉快を覚えさせ、味わわせることにあるといってよい。

うそでごまかしてゆくことは、目の前だけはちょっとは都合のいいことがあっても、つまりは損だということを知らせるのである。大きくいえば、うそでは通らぬ世の中を教えるのである。そのためには、子どものうそを通させぬのもその一法であろう。但し、子どもがうそをいうにも、それが癖になっているのも、それ相応の理由のあることでもあってみれば、ただがみがみと、うそようそよと摘発するのがいいというのではない。そんなことを心なしにすると、かえってますます虚言癖にする危険のあることは前にいった通りだ。それよりも、うそをよせつけないように、だまってとりあわぬように、つまり、うそなんかの通らない鋼鉄板の黙殺でゆくのである。そして、うそがかえって損であることを、その結果の上から自ら静かに悟らせるのである。

うそは元来が非合理のこと、理を求める頭からは不愉快なことに極っている。それが愉快に思われたりするのは、相手ばかりを相手にして、自分を相手にしないからだ。つまり、正々堂々の愉快を知らないからだ。うそは相手をうそに包みくるめることのように思われるが、実は自分をうそに包みくるめているのである。うその中へ自分をかくしたり、ぼかしたりしているのである。はっきりとありのままに自分を出すことの愉快を味わったものには、それは耐えられぬあいまいの不快でなければならぬ。相手をあざむくはよし、自分をあざむくのは、不愉快此の上もない筈である。――この理屈から、子どもをして常に自己のありのままを楽しませるように、朗らかに強くさせてゆけば、うそなんかは、善とか悪とかよりも、差し当たり、いやなことになるのである。

以上の見方とは全く別に。――子どもはうそをいう心理を自分の裡《うち》にもっていると共に、うそを見習い、聞き習い、傍からお手本を示して教えられる機会を、身辺のおとなの世界に始終与えられているのである。子どものうそを心配なさるあなたが、うかうかとうその師範であったらどうであろう。それも、大人同士のうその他に、子どもに向かっていわれるおとなのうそは、どのくらい、子どものうその発生に役に立っているかも判らない。——但し、こんなことを詳しくいっていると、おとなの悪癖しらべになって、そもそもこの話の趣旨に反するといけないからこれだけにしておくが、子どもの方では、おとなのうそに驚き、呆れているかも知れない。そして、いつの間にか平気になってしまっているかも知れない。子どもが虚言癖に育てられてゆくのも、つまりは、ここが一つの大きなもとになっているのではあるまいか。か。か。か。

盗癖(上)

一

盗み、なんと空恐ろしいことであろう。人のものを盗むのである。それは石川五右衛門と一味であり、説教強盗と同類である。まさに獄門につながるべき罪状であり、刑法第何条によって処刑せらるべき犯罪である。それを我が子が……そう思っただけで親の全身がそうけ立つ。同じ子どもの悪癖の中でも、たいていの癖には子どもらしいというところがあるが、こればかりは百パーセント悪党じみている。又、児童心理学や教育学では、子どもの悪癖をそういちがいに責めつけない風があるが、これればかりは、なんとしても、酌量の余地はないかに見られる。殊に、道義に堅い親たちからは、どうにもこうにも押えられない憤りを以て、我が子ながらに何という見下げ果てた奴だと痛恨せられ、口軽な世間からは、あの子はコレだよと指を曲げられ、手が長いんだよと、如何にも物尺《ものさし》でも当てがってみたようなことをいって、目ひき袂《たもと》ひき悪罵《あくば》せられる。学校や幼稚園といった、法や裁きとは全く別であるべき聖地に於てさえも、こればかりは、たった一度のことで、永劫宥《ゆる》されることのない監視つき前科者にされてしまったりする。

が、子どもの盗癖といわれるものが、どれも皆、極悪非道のものなのであろうか。盗みという行為は、絶対に憎むべく忌むべきであるが、何がこの子にそうさせたか（この子をではない）と考えてみると、案外軽い話になったり、少なくとも、そう憎めないことになったりする。勿論、子どもだからといって見のがしておけないことに相違ないが、子どものくせにといって、そう一徹にいきり立つばかりでも、話が判らない。

一体、盗みという言葉が、子どもの多くの場合、あんまり大き過ぎ、恐ろしげ過ぎる。

二

盗みということは何時から始まるか、人のものと自分のものとの区別がつくようになってから始まる。というと如何にも順が逆のように聞こえるかも知れないが、さかさでもなんでもない。自他の所有の別のないところには盗みということがありようはない。

極く幼い赤ン坊が、よその家へ遊びにつれてゆかれて、その家の玩具を持って帰ったとて泥棒でもなんでもないだろう。幼稚園へはいりたての三歳初めくらいの幼児が、幼稚園のものを平気で持って帰ったりすることがあるが、幼児ん（用心）が悪いと思うものはない。行為としては盗みに相違ないが、自他の区別のない中は盗みでないのである。手くせが悪いという言葉があるが、ほんとに、手のしたことに過ぎないのである。

この論理を押し広げてゆくと、平生の分別としては自他の別が出来ている年齢になってからでも、ものそのものに惹きつけられる興味が一ぱいで、いわば無我夢中の状態になってしまうような時、ただ其の物だけがあって、所有関係が全く忘れ去られたといったような場合、……但し、これは当人の心の裡のことで、外からは、そうだとも、そうでないとも、いえもし、いえなくもあることだから、濫用されたら随分危ない話になるが、……仮令ば、よその庭の花を垣根越しに眺めていて、余りの美しさに見入って、否、見入られて、ついうかうかと一枝折り取ってしまった場合、花ぬすびとは人な咎めそといって宥《ゆる》されるような事実はいくらもある。いつか幼稚園の子どもが、金魚鉢の中の金魚に見とれていて、手を水の中へ突き込んで、一匹、二匹、と洋服のポッケトへ入れたことがあった。この場合、側の者がどういう態度をとるべきかは別の話として、花でも金魚でも、折り取って散らしてしまったり、つかんで死なしてしまったり、それでも手を出さずにいられなくなるところは、一般普通の意味での盗みとは少し、否大いに違うところがある。——といって、やはり盗みには相違ないので、この論法を勝手に応用して、ショウ・ウィンドウの宝石だの、売場の半襟だの、光に魅せられた、色彩の美に魅せられたで、万引が無罪になるものではないが、そここそ子どもだ。

万引でもその時のからだの具合でつい発作的に行なわれた場合には、罪も軽く扱われる例だとすれば、自己統制のまだ充分でない子どもとして、ものに魅せられた時と、物がほしかった時、すなわち、人のものとは承知していながら自分のものにしたかった時とは、少しは差別して見てやらなければならない。幼い子どもの盗みなるものに、こんなに無邪気なのが多くあることを覚えて貰いたい。

三

盗みということは――改めてむずかしくいうまでもなく――物を自分の所有にすることと他人の所有を奪うことと二つの要素から成っている。この二つの要素の中、他人から奪うという方に罪の罪たるところがあると、普通考えられているが、もう少し深く考えてみると、自分の所有にするという要素があるでなく、ただ、人の所有を奪ってみるというだけの興味が主になっている場合があるとしたら、それは盗みとしての悪を完備――おかしないい方だが――しているとはいえない。但し、成人には、そんな純な場合は実際上殆どあり得ないことで、あったら異常の変態者というほかはないのであるが、子どもとしては、こうした興味本位の盗みが、かなり行なわれるものである。但し、だからといって悪いことでないというのではない。少なくも、直ぐ悪いことになるのであって、決して笑って打ち捨てておいていいことではないが、欲からの盗みとは違うという点を認めておいて貰いたいのである。

欲からの盗みに対立させて、聊《いささ》かこじつけだが別の名称をつけてみれば、奪取遊戯とでも名づけられる悪戯の一種である。いたずらには昔、恐る恐るやってみるという小冒険的興味があるが、この種の盗みにもそれがある。隠しているものを、しまってあるものを、容易に取れないものを、見つかったら恐ろしいことを、そこを一番やっつけてみるところに、少なからぬ興奪的興味が楽しまれるのである。他人の所有品を目がけて、そんな勝手のことをする点は実に怪しからぬし、勿論下卑たことには相違ないが、その興味の本質は、悪いというよりも原始的といっていいような極く単純なものに過ぎない。

ただ、これを紙一重の違いで、相手を困らせるために、そっと相手のものを取り上げるという悪気の混入した、——ひどいのになると復讐の盗みといった風のことさえあるが、これは、またその方の意味から単純どころかなかなか複雑で、決して子どもらしいこととはいえない。前にいったのは、幼い子どもなんかのごく無邪気な場合に限るのである。

四

以上三つの場合は子どもの心理の中に、そうしたことの行なわれるのを説明したので、これが、甚だしい程度になり、常習的になったら精神的変態である。病的盗癖といわれるのがそれで、その場合は、前のようにはあっさりは考えられない。しかも、その問題は盗みという個々の行為よりも、もう一つ奥深い性格上の欠陥になるので、そっちから綿密に考えていかなければならない。しかし、多くの親が、我が子の一寸した行為で、すぐそれを先天的変質的な事のように極度な心配をしたりするが、それはかえってよろしくない。いわんや、そうした見解の下にあまり深刻な取り扱いをしたりするのは殊によろしくない。

盗み、そんな恐ろしげなことまで、案外無邪気にやってのけるのが子どもだといってもよかろう。

盗癖（下）

子どもの盗みは、すぐ罪悪ともいえない心理の屢々あるものであることは、前に述べた通りだが、勿論、深い警戒を要すべきことであるのはいうまでもない。それが次第に悪癖となるからである。すでに悪癖となっているものは、これはどうしても捨てておけない。

それなら、どういう処置をとるか。その時の子どもの心理に基づいて、その場合場合、違った方法によらなければならぬが、一般的にいって、次のような注意がいる。

一、親が真剣に、殊に純粋の意味で、悲しみに堪えないことを示すこと。

一体盗みには二つの心理的要素が存在する。盗み得た楽しみと、盗みの苦しみとである。欲しいものが手にはいって、菓子なら食べられ、玩具なら持って遊べるところに、うまいことをし得たという楽しみがある。しかも亦、どんな子どもでも、人のものを盗んだというところに、後の苦痛、すなわち一種の道徳的不安は伴うものである。時とすると、前の楽しみで、後の苦痛が覆《おお》いかぶされてしまうこともある。又、そういう傾向の強い子どももある。又、その時は楽しみに苦痛を忘れていても、直ぐ、その苦しみが強く起こるのもある。いずれにしても、ものの欲しいのは誰でもだが、この苦痛——自己苦痛——があるからこそ盗みをしないので、子どもにそこを強める必要がある。つまり自責の心であるが、盗みは道徳上悪いことであるからと、理念的に自責する前に、自然の心もちに湧く自責感を強めるのである。ところがこういう理性で考えるのでない感じは、理性で説いたのでは出来ない。そういう感じの弱い子のために、或いは、何かでそういう感じを紛《まぎ》らされている我が子の為に、親が傍からその悪心の不快と苦痛とを以て手伝ってやるが一番の法である。

これを、他の方面からいい直してみれば、大切のものが失われたという自分の方の結果からや、世間体に恥ずかしいというみえや、或いは又、道徳的悪だからよくないといった風の観念的審判や、それから又、相手に済まんからという相対的関係や、そういう類のことからだけ問題にするのでなく、もっと真実に、盗みそのことに対する忌わしさといった風の切実な感じから、これを責めるのでなければならぬのである。しかも、所謂教育的に言い聞かすとかいう場合、どうも、前のような類のことが主として引合いに出され易い。そして盗みの自責よりも、結果的に悪いことだと思わせたり、かえって、起こりかけている真の——かすかながらも真実な——自責感を稀薄にされたりすることが屢々行なわれているのである。

それがいけないというのである。

子どもの行為に対する親の態度は、ほめるにせよ。叱るにせよ。真剣、純粋でなければならぬのは、何の場合でも同じであるが、盗みの場合それが特に大切である。

二、その子と自分だけが知っていることにして、決して広く知らせぬこと。

若し、我が子にそうした行ないのあった時、親の真剣の悲しみは充分示さなければならぬが、しかし、それは、どこまでもお前と私としか知らぬことだとしておいてやるのである。盗みをしたというようのことは、その子にとっては消し流して、これきり二度とない、後にはどこにも残らないことにしてやりたいのである。それには、世間、という程広くないのは勿論、家庭内にでも、又、父母互いにどちらへもといいたい程、極秘にしておいてやる方がいい。勿論両親の間では話し合い相共に悲しむのであるが、子どもには、それは一方しか知らぬことにしておいてやりたいくらいである。

自分の盗みが一人でも多くの人に知れていると思わせることは、二つの点に於てよくない結果を伴う。皆が知っているということで、かえって純なる自責を弱めることと、もう仕方がないといった一種の自暴自棄的気持ちに傾かせることとである。お母さん一人しか知らないということは、楽な気持ちを伴いそうなことで、そのお母さんが真剣に悲しみ苦しんで

――一人で――いる限り、子どもには最も深刻な感じを起こさせる。皆が知っていて、殊に、そうなるとお母さん一人がもつ程に皆切実というわけでもなくなってくると、そこに子どもの苦痛感が薄められてゆく隙《すき》を生じ易い。

殊に、折角、自責し、後悔もして、もうしまいと思った時、皆が自分のこの事を知ってしまっていることは、かえって、如何ともなし難いような感じを起こさせる。家庭の内といったが、召使の者などには決して知れないようにしなければならぬし、兄弟の間などには、知れても知らないことにさせておかなければいけない。子どもの欠点に対しては、何でもこの態度が必要だといっていいくらいだが、盗みの場合、一層必要である。

三、すでに慢性的に悪癖となっている場合には、他の楽しみを覚えさせて、転換の方法をとること。

親として、わが子がこの悪癖をもっている程、つらい、又、いらいらする程腹立たしくなることはない。それは極くもっともなことで、充分察することは出来るが、すでに慢性になっているものを、一々責めつづけているだけでは仕様がない。そこで、ぐっと方角をかえて何か新しい愉快を与え、その方へ子どもの興味をひきつけ、自然と癖を忘れさせ、癖から離れさすのがよい。或る親が、我が子の盗癖に気がついてから、それをわざと知らぬ顔をしておいて、いろいろと面白い玩具を買い与えたり、日曜毎には、郊外など遊びに連れてゆき、庭には花壇をつくり、犬や小鳥を飼うといった具合に、子どもを健全な愉快に充満させ、明るい楽しみで忙しい程にしてやり、いつの間にか、その悪い癖を無くした例がある。いつの場合でも、こう完全に成功するとは断言出来ないが、これは確かに、最も賢明な態度であるといえる。小人閑居して不善をなすというが、子どもも閑居していると悪いことしか面白いものがなくなる。子どもは何かしら愉快を求め、どんな愉快にでも直ぐ習慣づけられるものであるから、そこをつかまえて、よき愉快を悪しき愉快に置きかえて、よき愉快で一ぱいで悪い癖のはいる間隙も余地もないようにしてやるのである。所謂不良少年といわれるものの教育に、何か忙しい仕事を与えて矯正する法が用いられるが、幼い子どもには仕事の代りに、愉快な遊びが用いられるわけで、ここらにこそ、親の真の苦心というものがあるのである。親はただ叱ったり責めたりするばかりで、子どもに自ら健全の愉快をつくり出してゆけといっても、それは無理なことが多い。自ら健全の愉快をつくり出してゆくことの出来る程の子なら、多分、初めから、そっちへ向かったに相違ない。それが出来ない——性格上或いは境遇上——からこそ悪い愉快の癖がついたといってもよいのである。そこを、周到に手伝い助けてやるのが、こういう場合に於ける親の任務なのである。若し最初からこの用心が親の方に充分行なわれていたら、初めからこんな悪癖はつかなかったかも知れない。教育に熱心なと自覚している厳格な家庭などの子に盗癖があって意外としたりすることがあるが、この用意の欠けたためであると見れば、遺憾ながら、意外でも何でもない。まして、だらしない家庭で、親が我が子をうっちゃりぱなしにして何もかまってやらない時、この悪癖の起こるのは、子どもをそうさせた遺憾なる理由が、明らかに家庭の方に具備されているといわれても仕様がない。何かの愉快をもたずに生きていられないのが子どもだから。——子どもばかりではない。人間誰でもだろう。

泣き虫とは昔の人はよくつけた

一

梅雨季《つゆどき》だからというわけでもないが、目から雨のふる癖を考えてみよう。但し、目の癖でもない。涙の癖でもない。若し、そういう癖があったら、それは眼科のお医者さんに相談することで、私のところでは判らない。

ところで、どこの世界でも、子どもはよく泣くものである。大人にも泣き上戸という、その道の先達がいるが、あれは、軽いか重いか一種の精神病者で、変態心理の方の領分にはいる。それと違って、子どもが泣くのは変態でないどころか、極くあたり前の常態である。若し決して泣かない子があったら、多分石地蔵さんの子どもであろう。人間の子は、おぎゃあとひと声、あれ以来、何かといえば泣くものに極まっている。ただそれが或る度合を越すと、泣き虫という、なみの子どもとは異なった種族になる。

泣き虫とは昔の人もよくいったものである。泣き獣でも、泣き鳥でもなく、虫というところに、多分のあわれみが籠り、その裏にはさげすみが覗《のぞ》いている。又虚言癖や盗癖のように、憎らしさや恐ろしさを感じさせる程でなく、たかがうるささを感じさせるくらいのところも、よく出ている。もっとも、うるさいというのは傍の人のことで、当人少しもうるさくはない。さげすむのも批判者の態度で、当人の知ったことではない。ただ、あわれということだけが虫本人の心境に触れていて、虫よ虫よ、お前はなぜそんなに泣いてばかりいるのかと尋ねたら、どうぞ、この心のあわれを察して下さんせと答えるのであろう。

だから、泣き癖は、心のこととしては、あわれ癖——もう少し判り易いい方をすれば、悲哀癖といってよいのである。そこで、あらためて、子どもに何故そんなことがあるものかということになるが、一つは性分、一つは境遇で、弱気へ陰気へと滅入り癖がついてくると、強く己れを励まし、明るく己れを楽しませてゆく力がだんだん無くなって、外部に大した原因がなくなっても、ただ、しくしくと泣き、ぴいぴいと泣くのが常性になるのである。つまり小さいメランコリヤ（憂鬱性）で、その甚だしいのは、多分小児神経衰弱というわけであろう。殊に、そういうことになり易いような気弱の子どもには、自己暗示ということが強いもので、悲しいと思うと更にまた悲しくなり、泣くとまた一層泣きたくなる。そのために、一寸したことで泣き出すと、その自分の涙に自分がつまされて、次から次へ、止めどもなく泣きつづけるということになったりする。

そこで、こんな傾向の子は、なぜまた泣くかと叱りつけてみたところで、いよいよ泣き出すくらいのことで、そうした外からの方法では矯《なお》らない。第一に健康に注意し、殊に神経を丈夫にし、内から、その傾きに打ち勝つことの出来るようにし、つまりその心に強味を養い育ててゆくのである。それでもまだ悲哀癖が起こってくる時の為には、ぐっと自分でそれを抑えつける我慢力を養っておかなければならぬが、おお、きついきついで励ますのもよし、泣くとみっともないよで気張らせるのもよし、兎に角、その癖を反対の方向へ向けかえてゆくことである。ただ、そのたんびに、菓子などで御機嫌をとって泣きやんで頂き奉る方法だけはよろしくない。それには、次のような問題が伴ってくるからである。

二

外から見た形態ではあわれな泣き虫と同じであって、その実よく見ると、なかなか以てあわれどころか、ただの虫じゃああんめえところの、いささか忌々《いまいま》しいのがいる。つまり、自分の悲しさから泣くのでなく、他の目あてがあって、その手段、術策として泣くのである。その中には、あまったれ泣きという程度の、まだまだしおらしいのもあるが、ねだり泣きになり、せびり泣きになり、果てはだまし泣き、おどし泣きというところまでゆくと、かたり、ゆすりといった風の性質を帯びてきて、甚だ以てけしからぬことになる。しかも、こういう意味の泣き癖のついている子どもが、案外に多いものである。そして、他の方法でそんなことをしたら、憎むべし、許すべからずということに直ぐなるのであるが、そこは「泣き」という情味たっぷりの手であるために、そうとは判っていても、つい泣き落とされたり、のろい大人になると（男に限らない）好んでだまされたりするのである。

これは、子どもというものの純真性に対して、似つかわしからぬことであるのみならず、虫といって小さく看過ごしておけないことであるが、実際のところ、子どもは生まれながらにして――涙腺から涙が自然に出るように、――自然にこうした傾向をもっているものではない。これ皆、はたのしむけの悪さから仕込んだことである。子どもが思うようにならないで悲しくて泣く。それをすかし、なだめるために、ちやほやと機嫌をとり、抱いてやったり、菓子を与えたりする。そういうことが二度三度と繰りかえされる中に、こいつうまいな。泣きさえすれば、何かものになるぞ。都合によったら、お母さんが降参するまで、泣き責めで責めてやれ。最後は、いつも、こっちの勝利だといった風のことが、実験され覚えられ、大いに活用されるようになる。つまり初めは大人のつけた悪癖に他ならない。

そこで、この種の泣き癖に対しては、ただの泣き虫と異なって、大いに矯正しなければならない。決して、打ち捨てておけない。それには、子どもが例の手で泣き出しても、決してその手に乗らないことである。但し、おっと其の手には乗せられないよとか、こいつお安く見くびりやあがるなとか、そう一々、むきになって開き直らなくてもいい。又、そんなことをしてはかえってよくない。ただ、聞き流しにして、実際の上で、その小さい悪辣手段に効果を与えないようにするのである。そうすると、こりゃだめだわいということになり、一回一回その癖力が弱められ、ついに、そんな悪い泣き方なんか、全く忘れてしまうように至るのである。子どもにしてからが、そんなずるい手が有効に使えればこそ使うので、そんな手でなくては生きていかれないわけではなし、そこは、かたり、ゆすりで暮していたものが、正業でいくらでも立派にやってゆけると同じく、正々堂々の途へ早く帰して貰った方が、らくでも愉快でもあるのである。

泣き癖のもう一つの種類に、怒り泣きというのがある。それも、わけがあっての怒りというばかりでなく、眠りが足りないとか、腸の具合が悪いとか、何ということはなし気分が勝れないとかで、いらいら泣き、じれ泣き、癇泣きというのがそれであるが、これが亦、気分上の一つの習慣となり、朝起きて、ひと泣きやらんとせいせいしないといった風のことにさえなる。

これは、つまるところ、わがままで泣いている点が多いのであるから、勝手に放っておけば自分でやめてゆくことが多い。癖そのものとしては構わない方がいいのであるが、其の原因をなしているものについては、子どもの為に除いてやらなければならぬものが多い。どうも毎日毎日癇を起こしては泣きますので、おまじないをしても、虫封じをしても、泣きがやみませんから、念のためにお医者さんへ連れて参りましたら、お薬を下さって、翌日沢山お通じがありまして、それから、ふっつり其の泣き癖が直りました。癇の虫が出てしまったのでしょうといった風のことが随分珍しくない。癇の虫のことは知らないが、回虫が居るためいらいら泣きのつづくことは屢々ある。兎に角、天気と子どもは、からりっと晴れやかなのがいい。

夏期悪癖養成所参観談

一

次から次へと、子どもの悪癖をならべ立てているのを見て、一体どこから探し出してくるのだ、ものずきもものずきだが、見つけてくるのに骨が折れるだろうといってくれた人があります。ものずきかどうかは自分では判らないが、見つけるには少しも苦心していない。見つけようなんて思わなくっても、そこらにざらにあるのだからと私は答えました。そうかしら、子どもって、そんなに悪癖が好きなものとは思えないがと、またその人がいいますから、私はすぐ手を振って、なにも子どもが悪癖をすき好むわけじゃあないんだよ。だけれども、到るところにそれがあるんだから妙だね。つまり製造元があるんだねといいましたが、その人には私のいうことがよく呑み込めないようでした。そしてけげんそうな顔をしていますので、その製造元がまたどこにでもあるんだよ。そんなに不審なら一つお目にかけようかといって、手近な夏期悪癖養成所へその人を案内することに約束しました。悪癖養成所はなにも夏期だけに限ったことはありません。年中開設されているのが普通で、また修業年限の長い相当大規模なのも沢山あるのですが、夏期は殊に大ばやりで、いわば軒並みに開催せられ、短期促成なだけに素人に見学させるにはてっとり早く判りいいのです。それに混合学級式にごちゃごちゃとやっていますから、一寸参観して直ぐ要領が判るのです。そこで、私はその人をそこへ案内することにしました。

夏期悪癖養成所なるものは、一般に学校の暑中休業が始まると共に開始されます。もっとも初めの間は生徒も先生もまだ勝手がよく判らないために、養成所の特色が出ませんが、ものの一週間もたつと、それが立派にあらわれてくるのは流石に見事なものです。生徒も生徒ですが、先生たちがえら物ですからね。前に申した通り、混合学級式ですから、何科から始めるという順序も立っていませんが、朝寝科なぞは始業の日から直ぐ始められます。但し、これには宵張《よいつぱ》り科という併行学科がつきもので、それが、夏休み第一日の夜学で早速と始業せられます。

校長「今日から暑中休業だね。何をして遊ぼうかね」

生徒「活動写真へ連れて行って下さいよ」

教頭「よしよし。帰りに町を一回りして何か御馳走しましょうね」

生徒「あしたは、いくら寝坊しても学校が休みなんだからいいや」

職員「そうともそうとも」

で、生徒一人に大勢の、「そうともそうとも」がおともをして出かけます。そうして帰るのは十一時過ぎ、帰ってからが、又ひとしきり映画の筋や、いろいろの場合の復習に話の花が咲いて、蚊帳の中へはいってまで、寝てしまうのが惜しい思いに夜が更けます。翌朝は予定通りの寝坊。といった、うまい手順になっているのです。

この調子が続いて毎晩毎朝繰りかえされます。活動写真ばかりが続くわけではないが、縁日の夜店歩きでも、涼み台の夜話でも、夏の夜はすぐ更け易い。それに暑い暑いでつい寝苦しいということもあり、この宵張り癖は、いくらでも機会があるのです。その上、夜更かしと朝寝とは互いに原因たり結果たる一大法則の下に置かれ、ゆうべの夜更かしがけさの朝寝に、けさの朝寝が今夜の宵張りにといった連鎖関係で進行してゆくところに、悪癖養成所の教授法が一日一日と成功してゆきます。

二

これと密接な関係をもって養成されておくものに、なまけ科というのがあります。朝寝でだれきった頭が、一寸勉強に取りつけないのも至極ごもっともなことで、なんとなくだらだらとしている間に、午後の陽盛りになるとだらだらがぐたぐたになり、だらしない午睡となり、その結果が、夜間遊んでいて昼間はうつらうつらしているというところまで上達してくれば、満点です。

以上の二つは、夏期悪癖養成所の主要学科といったようなものですが、この他これとくらべると、幾分小さい学科で、はだか科、氷水科というようなものもあります。暑い暑いの口癖科というのを共通基本科として、その上に専攻せられてゆくものです。暑いから着物をぬぐ、のどが干《かわ》くから冷たいものを飲むという理由は極く合理的でありますが、それを不合理なところまでもってゆくところに、悪癖養成所としての業績があるわけです。そして、はだかになるからいよいよ暑い。氷水ばかり飲むからますますのどが干くという、逆理まで立派に、確実に、構成するのです。実に、夏期悪癖養成所の驚くべき教育力というものです。

さて、こうして約一か月の養成が終わってその卒業考査というのが又特有です。顔色がどのくらい青白くなったか、体重がどのくらい減じたかというような、簡単に出来る外面考査から、頭のねじがどのくらいゆるんだか、精神の気力がどの位衰弱したか、というような重要な内面考査に及びます。ところで、此の養成所の卒業考査では、最優等の点をとるものが常に殆ど全部で、落第点なんかとるものの滅多にないのは、何人も感嘆惜く能わざるところです。

ただ、ここに一つの特異なる事実があります。夏期悪癖養成所の閉鎖は普通の学校の第二学期始業の前日に行なわれるのですが、養成所職員は、それと同時に、子どもの悪癖矯正委員に転任することになっているので、前に記した考査の結果について、祝いの辞と悲しみの辞とをいっしょに述べるという奇観を呈するのです。又、卒業生の方も、感謝の辞と嘆きの辞とをいっしょに述べなければならぬのです。それで、それ等の妙にこぐらかった訓辞や答辞の後で、一同甚だ景気悪い調子で「ああ如何にして来年、此の養成所をばつぶそうか。心をあわせ諸共に、これを今より誓わなん……」という卒業式の歌を合唱するのが規定になっていますが、また翌年になると盛んに開設せられるのです。すでに去年も同じような卒業式をしたのでしたが、今年もきっと開設せられるという評判がもっぱらなくらいです。

終わりに臨み、夏期悪癖養成所の所在地を御紹介しておく義務がありますが、それは皆さまの極く極く極くの御近所にあります。

（下巻へ続く）

倉橋惣三文庫③
育ての心（上）
2008年4月25日　初版第1刷発行
2010年11月30日　初版第3刷発行

著　者　倉橋惣三
発行者　武藤英夫　　編集人　木村美幸　　編集担当　今井秀司
発行所　株式会社フレーベル館
郵便番号　113-8611
東京都文京区本駒込6-14-9
電話　編集　03-5395-6604
　　　営業　03-5395-6613
振替　00190-2-19640
ホームページ　http://www.froebel-kan.co.jp
印刷所　凸版印刷株式会社

落丁・乱丁本はお取替え致します。Printed in Japan
ISBN978-4-577-80317-2　NDC376　180p／18×12cm